我
思

敢于运用你的理智

经典维新丛书，将以不同的视角来重新整理出版近代以来的经典学术论著，其出版思路可分为：

一、展现某学术著作的思想史或批评史，如胡适《说儒》第二部分“说儒前史”，熊十力《新唯识论（批评本）》；

二、梳理某种观念或学说的历史际遇，如《国学到底是什么》《阳明心学得失论》；

三、挖掘被当代学术界忽视的学术论著，如《汤用彤讲西方哲学》、马一浮《法数钩玄》；

四、选编反映某学术大家思想特质的文集，如《太虚讲国学哲学》《王国维哲学论著集》。

经典维新

经典维新

泰和宜山会语 法数钩玄

马一浮 著

长江出版传媒 | 崇文书局

图书在版编目（CIP）数据

泰和宜山会语；法数钩玄 / 马一浮著．
—武汉：崇文书局，2019.9
（经典维新）
ISBN 978-7-5403-5640-8

Ⅰ．① 泰…
Ⅱ．① 马…
Ⅲ．① 理学—研究—中国—宋代
② 理学—研究—中国—明代
③ 佛学—研究
Ⅳ．① B244.05 ② B248.05 ③ B948

中国版本图书馆 CIP 数据核字（2019）第 170031 号

我思

敢于运用你的理智

泰和宜山会语 法数钩玄

出　　品　崇文书局人文学术出版中心
策 划 人　梅文辉（mwh902@163.com）
责任编辑　吴海明　刘　丹
装帧设计　张鑫容
出版发行　长江出版传媒｜崇文书局
地　　址　武汉市雄楚大街 268 号 C 座 11 层
电　　话　(027)87680797　邮政编码　430070
印　　刷　武汉中科兴业印务有限公司
开　　本　880mm×1230mm　1/32
印　　张　5.25
字　　数　104 千字
版　　次　2019 年 9 月第 1 版
印　　次　2019 年 9 月第 1 次印刷
定　　价　32.00 元

（读者服务电话：027—87679738）

目　录

卷端题识……………………………………………1

泰和会语……………………………………………3

引端……………………………………………5

论治国学先须辨明四点……………………………………………7

横渠四句教……………………………………………8

为天地立心……………………………………………8

为生民立命……………………………………………9

为往圣继绝学……………………………………………9

为万世开太平……………………………………………10

楷定国学名义（国学者，六艺之学也）……………………………………………12

论六艺该摄一切学术……………………………………………16

甲、六艺统诸子……………………………………………16

乙、六艺统四部……………………………………………18

论六艺统摄于一心……………………………………………23

论西来学术亦统于六艺 …… 26
举六艺明统类是始条理之事 …… 30
论语首末二章义 …… 34
君子小人之辨 …… 39
理气（形而上之意义，义理名相一） …… 43
知能（义理名相二） …… 47
附录 …… 51
论老子流失 …… 51
赠浙江大学毕业诸生序 …… 54
对毕业诸生演词 …… 56

宜山会语 …… 59
说忠信笃敬 …… 61
释学问（先释学问之义，后明问答之旨） …… 66
颜子所好何学论释义 …… 71
初标宗趣 …… 72
二显正学 …… 72
三简俗见 …… 78
说视听言动（续义理名相一） …… 80
居敬与知言（续义理名相二） …… 84
涵养致知与止观（续义理名相三） …… 89

说止（续义理名相四）……94
去矜上（续义理名相五）……99
去矜下（续义理名相六）……103
附录：拟浙江大学校歌（附说明）……109

法数钩玄……113

卷一……115
释三十七道品……115
释三解脱门……121
释三德三身……122
释翻三染成三德……123
释常乐我净四德……123
释凡夫四倒……124
释二乘四倒……125
释四谛……126
释十二因缘……128

卷二……131
释五停心（出《天台四仪》）……131
释八种恶觉（出《华严经》）……132
释八大人觉（出《佛遗教经》）……133
释十信……134
释十住……136

释十行……137
释十回向……139
释十地……141
释般若十喻……142
释楞伽五法……144
释楞伽三自性……145
释楞伽二无我……145

卷三……146

释二烦恼（出《瑜伽师地论》）……146
释见思二惑（出天台教义）……146
释三止三观（出天台教义）……147
释四安乐行（出《法华文句》）……148
释四悉檀（出天台教义）……149
释四食（出《华严经随疏演义钞》）……149
释三种三修（出《涅盘经玄义》）……150

卷四……152

释四大（出《圆觉经》）……152
释四微（出《金光明经文句记》）……153
释五蕴五喻（出《大庄严经》）……154
释四难（出《法华文句》）……154
释四不可得（出《诸经要集》）……155
释四摄法（出《法界次第》）……156

释四事供养（出《增一阿含经》）……157
释三明（出《杂阿含经》）……157
释六神通（出《法界次第》）……158
卷五……159
释五盖（出《法界次第》）……159
释十缠（出《翻译名义集》）……160

卷端题识

昔伊川先生每告学者："汝信取理，莫取我语。"见人记其言语，则曰："某在，焉用此？"盖理是人人所同具，信理则无待于言，凡言皆剩也；言为未信者说，徒取言而不会理，是执指为月，不唯失月，抑且失指。先儒随机施设，不得已而有言，但欲人因言见理而已，岂欲其言之流布哉！若记录之言，失其语脉者，往往有之，自非默识心融，亦鲜能如其分齐。

然自孔门以来，答问讲说之辞并有流传，未之或废。虽曰讽味遗言不如亲承音旨，然古人往矣，千载之下，犹得因言以窥其志，如见其人，则记录亦何可绝也？人在斯道在，固无事于记言；人不可遇，则遇之在言矣。讲说与著述事异。著述文辞须有体制；讲说则称意而谈，随顺时俗，语言欲人易喻，虽入方言俚语不为过，释氏诸古德上堂垂语实近之。其不由记录，出于自撰，古之人有行之者，如象山《白鹿书院论语讲义》《荆门军皇极讲义》、朱子《玉山讲义》是也。明儒自阳明后，讲会益盛，每有集听，目为会语，其末流浸滥。

浮平生杜门，虽亦偶应来机，未尝聚讲。及避寇江西之泰和，始出一时酬问之语；其后逾岭入桂，复留滞宜山，续有称说。皆仓卒为之，触缘而兴，了无次第。始吾乡王子余见《泰和会语》，曾以活字本一印于绍兴，吴敬生、曹叔谋、陶赐芝、詹允明为再印于桂林，旋已散尽。今羁旅嘉州，同处者多故旧。沈无倦、詹允明、何懋桢诸君，及从游之士乌以风、张立民、赖振声、刘公纯诸子，复谋醵资，取泰和、宜山会语，合两本而锓诸木，且为校字，欲以贻初机之好问者。刻成而始见告。

诸君子之意则善矣，吾之言实不堪流布也。夫天下之言学者亦多端矣，此庄生所谓“一蕴之劳者”也，其于物也何庸？世之览者，或诮其空疏，或斥以诞妄，吾皆不辞，不欲自掩其陋。虽然，使其言而或有一当，则千里之外应之，言虽陋，容亦有可择者存乎其间；苟其不善，则千里之外违之，是亦使吾得闻其过也。故引伊川之言为题其卷端，以志诸子勤勤之意，且以明吾之措心，故无分于语默也。中华民国二十九年一月马浮识。

泰和会语

引端

今因避难来泰和，得与浙江大学诸君相聚一堂，此为最难得之缘会。竺校长与全校诸君不以某为迂谬，设此国学讲座，使之参预讲论。其意义在使诸生于吾国固有之学术得一明了之认识，然后可以发扬天赋之知能，不受环境之陷溺，对自己完成人格，对国家社会乃可以担当大事。荀子说："物来而能应，事至而不惑，谓之大儒。"若能深造有得，自然有此效验。须知吾国文化最古，圣贤最多，先儒所讲明，实已详备。但书籍浩博，初学不知所择。又现代著述往往以私智小慧轻非古人，不免疑误后学，转增迷惘。故今日所讲主要之旨趣，但欲为诸生指示一个途径，使诸生知所趋向，不致错了路头，将来方好致力。

闻各教授皆言诸生姿质聪颖，极肯用功，此不但是大学最好现象，亦是国家前途最好现象，深为可喜。某虽衰老，甚愿与诸生教学相长，共与适道。但诸生所习学科繁重，颇少从容涵泳之晷。须知学问是终身以之之事，千里之行，始于跬步，但能立志，远大可期。譬如播种，但有嘉种下地，不失雨露培养，自能发荣滋长。

程子说："天地之间，只是一个感应。"有感必有应，所应复为感，其感又有应，如是则无穷。某今日所言，只患不能感动诸生，不患诸生不能应。若诸生不是漠然听而不闻，则他日必可发生影响。此是某之一种信念，但愿诸生亦当具一种信念，信吾国古先哲道理之博大精微，信自己身心修养之深切而必要，信吾国学术之定可昌明，不独要措我国家民族于磐石之安，且当进而使全人类能相生相养而不致有争夺相杀之事。具此信念然后可以讲国学，这便是今日开讲的一个引端，愿诸生谛听。

论治国学先须辨明四点

诸生欲治国学，有几点先须辨明，方能有入：

一、此学不是零碎断片的知识，是有体系的，不可当成杂货。

二、此学不是陈旧呆板的物事，是活鲅鲅的，不可目为骨董。

三、此学不是勉强安排出来的道理，是自然流出的，不可同于机械。

四、此学不是凭藉外缘的产物，是自心本具的，不可视为分外。

由明于第一点，应知道本一贯，故当见其全体，不可守于一曲。

由明于第二点，应知妙用无方，故当温故知新，不可食古不化。

由明于第三点，应知法象本然，故当如量而说，不可私意造作，穿凿附会。

由明于第四点，应知性德具足，故当向内体究，不可徇物忘己，向外驰求。

横渠四句教

昔张横渠先生有四句话，今教诸生立志，特为拈出，希望竖起脊梁，猛著精采，依此立志，方能堂堂的做一个人。须知人人有此责任，人人具此力量，切莫自己诿卸，自己菲薄。此便是“仁以为己任”的榜样，亦即是今日讲学的宗旨，慎勿以为空言而忽视之。

为天地立心

《易·大传》曰：“复，其见天地之心乎。”剥、复是反对卦。䷖剥穷于上，是君子道消；䷗复反于下，是君子道长。伊川《易传》以为动而后见天地之心。天地之心于何见之？于人心一念之善见之。故《礼运》曰：“人者，天地之心也。”《程氏遗书》云：“一日之运，即一岁之运；一人之心，即天地之心。”盖人心之善端，即是天地之正理。善端即复，则刚浸而长，可止于至善，以立人极，便与天地合德。故“仁民爱物”，便是“为天地立心”。天地以生物为心，人心以恻隐为本。孟子言四端，首举恻隐，若无恻隐，便是麻木不仁，漫无感觉，以下羞恶、辞让、是非，俱无从发出来。故“天地之大德曰生”，人心之全德曰仁。学者之事，莫要于识仁求仁，好仁恶不仁，能如此，乃是“为天地立心”。

为生民立命

儒者立志，须是令天下无一物不得其所，方为圆成。孟子称伊尹“一夫不获”“若己推而纳诸沟中”。横渠《西铭》云：“凡天下之疲癃、残疾、惸独、鳏寡，皆吾兄弟之颠连而无告者也。”此皆明万物一体之义。圣人吉凶与民同患，未有众人皆忧而己能独乐，众人皆危而己能独安者。万物一体，即是万物同一生命。若人自扼其吭，自残其肢，自剜其腹，而曰吾将以求生，决无是理。孟子曰：“夭寿不贰，修身以俟之，所以立命也。”朱子注云：“立命谓全其天之所赋，不以人为害之。”又曰：“尽其道而死者，正命也；桎梏死者，非正命也。”今人心陷溺，以人为害天赋，不得全其正命者，有甚于桎梏者矣。仁人视此，若疮痏之在身，疾痛之切肤，不可一日安也。故必思所以出水火而登衽席之道，使得全其正命。孔子曰：“老者安之，朋友信之，少者怀之。”学者立志，合下便当有如此气象，此乃是“为生民立命”也。

为往圣继绝学

此理不为尧存，不为桀亡，在圣不增，在凡不减。但因人为气习所拘蔽，不肯理会，便成衰绝。其实“人皆可以为尧舜”，颜子曰："舜，何人哉？予，何人哉？有为者亦若是。"学者只是狃于习俗，不知圣贤分上事即吾性分内事，不肯承当。故有终身读书，只为见闻所囿，滞在知识边，便谓已足，不知更有向上事，汩没自性，空过一生。孔子曰："不曰'如之何，如之何'者，吾未如之何也已矣。""苟能一日用其力于仁矣乎，吾未见力不足者。"圣人之言剀切如此。道之不明不行，只由于人之自暴自弃。故学者立志，必当确信圣人可学而至，吾人所禀之性与圣人元无两般。孟子曰："圣人先得我心之所同然耳。""心之所同然者何也？曰理也，义也。"濂、洛、关、闽诸儒，深明义理之学，真是直接孔孟，远过汉唐。"为往圣继绝学"，在横渠绝非夸词。今当人心晦盲否塞、人欲横流之时，必须研究义理，乃可以自拔于流俗，不致戕贼其天性。学者当知圣学者即是义理之学，切勿以心性为空谈而自安于卑陋也。

为万世开太平

太平不是幻想的乌托邦，乃是实有是理。如尧之"光被四表，格于上下"，文王之"自西自东，自南自北，无思不服"，都是事实。干羽格有苗之顽，不劳兵革；礼让息虞、芮之讼，安用制裁。是故不赏而劝，不怒而威，不言而信，无为而成。《中庸》曰"君子笃恭而天下平""声色之于以化民末也"。圣人至德渊微，自然之效，斯乃政治之极轨。自帝降而王，王降而霸，霸降而夷狄，天下治日少而乱日多。秦并六国，二世而亡，晋失其驭，五胡交乱，力其可恃乎？中外历史，诸生闻之熟矣，非无一时强大之国，只如飘风骤雨，不可久长。程子曰：“王者以道治天下，后世只是以法把持天下。”又曰：“三代而下，只是架漏牵补，过了时日。”孟子曰：“以力假仁者霸”“以德行仁者王”“以力服人者，非心服也，力不赡也；以德服人者，中心悦而诚服也”。从来辨王、霸莫如此言之深切著明。学者须知孔孟之言政治，其要只在贵德而不贵力。然孔孟有德无位，其道不行于当时，而其言则可垂法于万世。故横渠不曰“致”而曰“开”者，致是实现之称，开则期待之谓。苟非其人，道不虚行，果能率由斯道，亦必有实现之一日也。从前论治，犹知以汉唐为卑；今日论治，乃惟以欧美为极。从前犹以管、商、申、韩为浅陋；今日乃以孟梭里尼、希特勒为豪杰。今亦不暇加以评判，诸生但取六经所陈之治道，与今之政论比而观之，则知碔砆不可以为玉，蝘蜓不可以为龙，其相去何啻霄壤也。中国今方遭夷狄侵陵，举国之人动心忍性，乃是多难兴邦之会。若曰图存之道，期跂及于现代国家而止，则亦是自己菲薄。今举横渠此言，欲为青年更进一解，养成刚大之资，乃可以济蹇难。须信实有是理，非是姑为鼓舞之言也。

楷定国学名义（国学者，六艺之学也）

大凡一切学术，皆由思考而起，故曰学原于思。思考所得，必用名言，始能诠表。诠是诠释，表是表显。名言即是文字，名是能诠，思是所诠。凡安立一种名言，必使本身所含摄之义理明白昭晰，使人能喻，释氏立文身、句身、名身，如是三身为一切言教必具之体。喻是领会晓了，随其根器差别而有分齐不同。例如颜子“闻一以知十”，子贡“闻一以知二”之类。谓之教体。佛说此方以音声为教体。必先喻诸己，而后能喻诸人。因人所已喻，而告之以其所未喻，才明彼，即晓此；因喻甲事而及乙事，辗转关通，可以助发增长人之思考力，方名为学。故学必读书穷理，书是名言，即是能诠，理是所诠。亦曰“格物致知”，物是一切事物之理，知即思考之功。《易·系辞传》曰：“唯深也，故能通天下之志。”换言之，即是于一切事物表里洞然，更无睽隔，说与他人，亦使各各互相晓了，如是乃可通天下之志，如是方名为学。略说“学”字大意，次说国学名词。

国学这个名词，如今国人已使用惯了，其实不甚适当。照旧时用国学为名者，即是国立大学之称。今人以吾国固有的学术名为国学，意思是别于外国学术之谓。此名为依他起，严格说来，本不可用。今为随顺时人语，故暂不改立名目。然即依固有学术为解，所含之义亦太觉广泛笼统，使人闻之，不知所指为何种学术。照一般时贤所讲，或分为小学、文字学。经学、诸子学、史学等类，大致依四部立名。然四部之名本是一种目录，犹今图书馆之图书分类法耳。荀勖《中经簿》本分甲乙丙丁，《隋书·经籍志》始立经史子集之目，至今沿用，其实不妥。今姑不具论，他日别讲。能明学术流别者，惟《庄子·天下篇》《汉书·艺文志》最有义类。今且不暇远引，即依时贤所举，各有专门，真是皓首不能究其义，毕世不能竟其业。今诸生在大学所习学科甚繁，时间有限，一部十七史从何处说起。

现在要讲国学，第一须楷定国学名义。“楷定”是义学家释经用字，每下一义，须有法式，谓之楷定。楷即法式之意，犹今哲学家所言范畴，亦可说为领域。故楷定即是自己定出一个范围，使所言之义不致凌杂无序或枝蔓离宗。老子所谓“言有宗，事有君”也。何以不言确定而言楷定？学问，天下之公，言确定则似不可移易，不许他人更立异义，近于自专。今言楷定，则仁智各见，不妨各人自立范围，疑则一任别参，不能强人以必信也。如吾今言国学是六艺之学，可以该摄其余诸学，他人认为未当，不妨各自为说，与吾所楷定者无碍也。又楷定异于假定。假定者，疑而未定之词，自己尚信不及，姑作如是见解云尔。楷定则是实见得如此，在自己所立范畴内更无疑义也。第二须先读基本书籍，第三须讲求简要方法。如是，诸生虽在校听讲时间有限，但识得门径不差，知道用力方法不错，将来可以自己研究，各有成就。

今先楷定国学名义。举此一名，该摄诸学，唯六艺足以当之。六艺者，即是《诗》《书》《礼》《乐》《易》《春秋》也。此是孔子之教，吾国二千余年来普遍承认一切学术之原皆出于此，其余都是六艺之支流。故六艺可以该摄诸学，诸学不能该摄六艺。今楷定国学者，即是六艺之学，用此代表一切固有学术，广大精微，无所不备。某向来欲撰《六艺论》，郑康成亦有《六艺论》，今已不传。佚文散见群经注疏中，但为断片文字，不能推见其全体，殊为可惜。某今日所欲撰之书，名同实别，不妨各自为例。未成而遭乱，所缀辑先儒旧说、群经大义，俱已散失无存。今欲为诸生广说，恐嫌浩汗，只能举其要略，启示一种途径，使诸生他日可自己求之。且为时间短促，亦不能不约说也。

今举《礼记·经解》及《庄子·天下篇》说六艺大旨，明其统类如下：

《经解》引孔子曰："入其国，其教可知也。其为人也，温柔敦厚，《诗》教也；疏通知远，《书》教也；广博易良，《乐》教也；絜静精微，《易》教也；恭俭庄敬，《礼》教也；属辞比事，《春秋》教也。"

《庄子·天下篇》曰："《诗》以道志，《书》以道事，《礼》以道行，《乐》以道和，《易》以道阴阳，《春秋》以道名分。"

自来说六艺，大旨莫简于此。有六艺之教，斯有六艺之人。故孔子之言是以人说，庄子之言是以道说。《论语》曰："人能弘道，非道弘人。"道即六艺之道，人即六艺之人。有得六艺之全者，有得其一二者，所谓"学焉而得其性之所近"。《论语》记"子所雅言，《诗》《书》执礼""兴于《诗》，立于《礼》，成于《乐》"。《王制》："乐正崇四术，立四教，顺先王《诗》《书》

《礼》《乐》以造士。春秋教以《礼》《乐》，冬夏教以《诗》《书》。”是知四教本周之旧制，孔子特加删订。《易》藏于太卜，《春秋》本鲁史，孔子晚年始加赞述，于是合为六经，亦谓之六艺。《史记·孔子世家》云：“及门之徒三千，身通六艺者七十有二人。”旧以礼、乐、射、御、书、数当之，实误。寻上文叙次孔子删《诗》《书》、定《礼》《乐》、赞《易》、修《春秋》，自必蒙上而言，六艺即是六经无疑。与《周礼》乡三物所言六艺有别，一是艺能，一是道术。乡三物所名礼，乃指仪容器数；所名乐，乃指铿锵节奏：是习礼乐之事，而非明其本原也。唯“六德”知、仁、圣、义、中、和，实足以配六经，此当别讲。今依《汉书·艺文志》以六艺当六经。经者，常也，以道言谓之经；艺犹树艺，以教言谓之艺。

论六艺该摄一切学术

何以言六艺该摄一切学术？约为二门：一、六艺统诸子；二、六艺统四部。诸子依《汉志》，四部依《隋志》。

甲、六艺统诸子

欲知诸子出于六艺，须先明六艺流失。《经解》曰："《诗》之失愚，《书》之失诬，《乐》之失奢，《易》之失贼，《礼》之失烦，《春秋》之失乱。"学者须知，六艺本无流失，"学焉而得其性之所近"，俱可适道。其有流失者，习也。心习才有所偏重，便一向往习熟一边去，而于所不习者便有所遗。高者为贤、知之过，下者为愚、不肖之不及，遂成流失。佛氏谓之边见，庄子谓之往而不反。此流失所从来，便是"学焉而得其习之所近"，慎勿误为六艺本体之失。此须料简明白。

《汉志》："诸子十家，其可观者九家。"其实九家之中，举其要者，不过五家，儒、墨、名、法、道是已。出于王官之说，不可依据，今所不用。《学记》："师严然后道尊，道尊然后民知敬学。是故君之所不臣于其臣者二：当其为尸，则弗臣也；当其为师，则弗臣也。大学之礼，虽诏于天子，无北面，所以尊师也。”此明官、师有别，师之所诏并非官之所守也。(《周礼》司徒之官有“师氏掌以媺诏王”“保氏掌谏王恶”。凡“王举则从，听治亦如之”。师氏“使其属率四夷之隶，各以其兵服守王之门外，且跸”。保氏“使其属守王闱”。此如后世侍从之官。郑注《冢宰》“以九两系邦国之民”“师以贤得民”“儒以道得民”，乃以诸侯之师氏、保氏当之，变保为儒，此实于义乖舛，不可从。)《论语》:“温故而知新，可以为师矣。”又语子夏:“汝为君子儒，毋为小人儒。”此所言师、儒，岂可以官目之邪?《七略》旧文某家者流出于某官，亦以其言有关政治，换言之，犹曰某家者可使为某官。如“雍也，可使南面”云尔，岂谓如书吏之抱档案邪?如谓道家出于史官，今《老子》五千是否周之国史?墨家出于清庙之守，今墨书所言并非笾豆之事。此最易明。吾乡章实斋作《文史通义》，创为“六经皆史”之说，以六经皆先王政典，守在王官，古无私家著述之例，遂以孔子之业并属周公，不知孔子“祖述尧、舜，宪章文、武”，乃以其道言之。若政典，则三王不同礼，五帝不同乐，且孔子称《韶》《武》，则明有抑扬，论十世，则知其损益，并不专主于“从周”也。信如章氏之说，则孔子未尝为太卜，不得系《易》;未尝为鲁史，亦不得修《春秋》矣。《十翼》之文，广大悉备，太卜专掌卜筮，岂足以知之;笔削之旨，游、夏莫赞，亦断非鲁史所能与也。“以吏为师”，秦之弊法，章氏必为回护，以为三代之遗，是诚何心!今人言思想自由，犹为合理。秦法“以古非今者族”，乃是极端遏制自由思想，极为无道，亦是至愚。经济可以统制，思想云何由汝统制?曾谓三王之治世而有统制思想之事邪?惟《庄子·天下篇》则云:“古之道术有在于是者，(某某)[墨翟、禽滑厘]闻其风而说之。”乃是思想自由自然之果。所言“道德不一，天下多得一察焉以自好”“各为其所欲以自为方”“道术将为天下裂”，乃以“不该不遍”为病，故庄立道术、方术二名。(非如后世言方术当方伎也。)是以道术为该遍之称，而方术则为一家之学。谓方术出于道术，胜于九流出于王官之说多矣。与其信刘歆，不如信庄子。实斋之论甚卑而专固，亦与公羊家孔子改制之说同一谬误。且

《汉志》出于王官之说，但指九家，其叙六艺，本无此言，实斋乃以六艺亦为王官所守，并非刘歆之意也。略为辨正于此，学者当知。

不通六艺，不名为儒，此不待言。墨家统于《礼》，名、法亦统于《礼》，道家统于《易》。判其得失，分为四句：一，得多失多。二，得多失少。三，得少失多。四，得少失少。例如，道家体大，观变最深，故老子得于《易》为多，而流为阴谋，其失亦多，“《易》之失贼”也。贼训害。庄子《齐物》，好为无端崖之辞，以天下不可与庄语。得于《乐》之意为多，而不免流荡，亦是得多失多，“《乐》之失奢”也。奢是侈大之意。墨子虽非乐，而《兼爱》《尚同》实出于《乐》，《节用》《尊天》《明鬼》出于《礼》，而《短丧》又与《礼》悖。《墨经》难读，又兼名家亦出于《礼》，如墨子之于《礼》《乐》，是得少失多也。法家往往兼道家言，如《管子》《汉志》本在道家，韩非亦有《解老》《喻老》，自托于道。其于《礼》与《易》，亦是得少失多。余如惠施、公孙龙子之流，虽极其辩，无益于道，可谓得少失少。其得多失少者，独有荀卿。荀本儒家，身通六艺，而言“性恶”“法后王”是其失也。若诬与乱之失，纵横家兼而有之，然其谈王伯皆游辞，实无所得，故不足判。杂家亦是得少失少。农家与阴阳家虽出于《礼》与《易》，末流益卑陋，无足判。观于五家之得失，可知其学皆统于六艺，而诸子学之名可不立也。

乙、六艺统四部

何以言六艺统四部？今经部立十三经、四书，而以小学附之，本为未允。六经唯《易》《诗》《春秋》是完书；《尚书》今文不完，古文是依托；《仪礼》仅存士礼；《周礼》亦缺冬官；《乐》经本无其书；《礼记》是传，不当遗大戴而独取小戴；《左氏》《公》《谷》三传亦不得名经；《尔雅》是释群经名物；唯《孝经》独专经名，其文与《礼记》诸篇相类；《论语》出孔门弟子所记；《孟子》本与《荀子》同列儒家，与二戴所采曾子、子思子、公孙尼子七十子后学之书同科，应在诸子之列，但以其言最醇，故以之配《论语》。然曾子、子思子、公孙尼子之言亦醇，何以不得与《孟子》并？二戴所记曾子语独多，后人曾辑为《曾子》十篇。《中庸》出子思子，《乐记》出公孙尼子，并见《礼记》正义，可信。然《礼记》所采七十子后学之书多醇。《大学》不必定为曾子之遗书，必七十子后学所记则无疑也。二戴兼采秦、汉博士之说，则不尽醇。此须料简。今定经部之书为宗经论、释经论二部，皆统于经，则秩然矣。宗经、释经区分，本义学家判佛书名目，然此土与彼土著述大体实相通，此亦门庭施设，自然成此二例，非是强为差排，诸生勿疑为创见。孔子晚而系《易》，《十翼》之文，便开此二例，《彖》《象》《文言》《说卦》是释经，《系传》《序卦》《杂卦》是宗经。寻绎可见。六艺之旨，散在《论语》而总在《孝经》，是为宗经论。《孟子》及二戴所采曾子、子思子、公孙尼子诸篇，同为宗经论。《仪礼·丧服传》子夏所作，是为释经论。三传及《尔雅》亦同为释经论。《礼记》不尽是传，有宗有释。《说文》附于《尔雅》，本保氏教国子以六书之遗。如是则经学、小学之名可不立也。诸子统于六艺，已见前文。

其次言史。司马迁作《史记》，自附于《春秋》，《班志》因之。纪传虽由史公所创，实兼用编年之法；多录诏令奏议，则亦《尚书》之遗意。诸志特详典制，则出于《礼》，如《地理志》祖《禹贡》，《职官志》祖《周官》，准此可推。纪事本末则左氏之遗则也。史学巨制，莫如《通典》《通志》《通考》，世称“三通”，然当并《通鉴》计之为四通。编年记事出于《春秋》，多存论议出于《尚书》，记典制者出于《礼》。判其失亦有三：曰诬，曰烦，曰乱。知此，则知诸史悉统于《书》《礼》《春秋》，而史学之名可不立也。

其次言集部。文章体制流别虽繁，皆统于《诗》《书》。《汉志》犹知此意，故单出“诗赋略”，便已摄尽。六朝以有韵为文，无韵为笔，后世复分骈散，并弇陋之见。“《诗》以道志，《书》以道事”，文章虽极其变，不出此二门。志有浅深，故言有粗妙；事有得失，故言有纯驳。思知言不可不知人，知人又当论其世，故观文章之正变而治乱之情可见矣。今言文学，统于《诗》者为多。《诗·大序》曰：“治世之音安以乐，其政和；乱世之音怨以怒，其政乖；亡国之音哀以思，其民困。”三句便将一切文学判尽。《论语》曰：“诵《诗》三百，授之以政，不达。”“虽多，亦奚以为？”可见《诗》教通于政事。“《书》以道事”，《书》教即政事也，故知《诗》教通于《书》教。《诗》教本仁，《书》教本知。古者教《诗》于南学，教《书》于北学，即表仁知也。《乡饮酒义》曰：“向仁”“背藏”“左圣”“右义”。藏即是知。“知以藏往”，故知是藏义。教《乐》于东学，表圣；教《礼》于西学，表义。故知、仁、圣、义，即是《诗》《书》《礼》《乐》四教也。前以六艺流失判诸子，独遗《诗》教。“《诗》之失愚”，唯屈原、杜甫足以当之，所谓“古之愚也直”。六失之中，唯失于愚者不害为仁，故《诗》教之失最少。后世修辞不立其诚，浮伪夸饰，不本于中心之恻怛，是谓“今之愚也诈”。以此判古今文学，则取舍可知矣。两汉文章近质，辞赋虽沈博极丽多以讽谕为主，其得于《诗》《书》者最多，故后世莫能及。唐以后，集部之书充栋，其可存者，一代不过数人。至其流变，不可胜言，今不具讲。但直抉根原，欲使诸生知其体要咸统于《诗》《书》，如是则知一切文学皆《诗》教、《书》教之遗，而集部之名可不立也。

上来所判，言虽简略，欲使诸生于国学得一明白概念，知六艺总摄一切学术，然后可以讲求。譬如行路，须先有定向，知所向后，循而行之，乃有归趣。不然则博而寡要，劳而少功，泛泛寻求，真是若涉大海，茫无津涯。吾见有人终身读书，博闻强记而不得要领，绝无受用，只成得一个书库，不能知类通达，如是又何益哉？

复次当知讲明六艺不是空言，须求实践。今人日常生活，只是汩没在习气中，不知自己性分内本自具足一切义理。故六艺之教，不是圣人安排出来，实是性分中本具之理。《记》曰：“天尊地卑，万物散殊，而礼制行矣；流而不息，合同而化，而乐兴焉。”“礼者，天地之序。”“乐者，天地之和。”故曰：“《礼》《乐》不可斯须去身。”“仁者见之谓之仁，知者见之谓之知，百姓日用而不知。”自性本具仁智，由不见故日用不知，溺于所习，流为不仁不知。《礼》《乐》本自粲然，不可须臾离，由于不肯率由，遂至无序不和。今人亦知人类须求合理的生活，亦曰正常生活，须知六艺之教即是人类合理的正常生活，不是偏重考古，徒资言说而于实际生活相远的事。今所举者，真是大辂椎轮，简略而又简略，然祭海先河，言语之序，亦不得不如此。

论六艺统摄于一心

语曰："举网者必提其纲，振衣者必挈其领。"先须识得纲领，然后可及其条目。前讲六艺之教可以该摄一切学术，这是一个总纲，真是"范围天地之化而不过，曲成万物而不遗"。学者须知六艺本是吾人性分内所具事，不是圣人旋安排出来。吾人性量本来广大，性德本来具足，故六艺之道即是此性德中自然流出的，性外无道也。从来说性德者，举一全该则曰仁，开而为二则为仁知、为仁义，开而为三则为知、仁、勇，开而为四则为仁、义、礼、知，开而为五则加信而为五常，开而为六则并知、仁、圣、义、中、和而为六德。就其真实无妄言之，则曰"至诚"；就其理之至极言之，则曰"至善"。故一德可备万行，万行不离一德。知是仁中之有分别者，勇是仁中之有果决者，义是仁中之有断制者，礼是仁中之有节文者；信即实在之谓，圣则通达之称，中则不偏之体，和则顺应之用，皆是吾人自心本具的。

心统性情，性是理之存，情是气之发。存谓无乎不在，发则见之流行。理行乎气中，有是气则有是理。因为气禀不能无所偏，故有刚柔善恶，《通书》曰："刚善为义、为直、为断、为严毅、为干固，恶为猛、为隘、为强梁；柔善为慈、为顺、为巽，恶为懦弱、为无断、为邪佞。”先儒谓之气质之性。圣人之教，使人自易其恶，自至其中，便是变化气质，复其本然之善。此本然之善，名为天命之性，纯乎理者也。气质之性，自横渠始有此名。汉儒言性，皆祖述荀子，只见气质之性。然气质之性亦不一向是恶，恶只是个过不及之名。故天命之性纯粹至善，气质之性有善有恶，方为定论。若孟子道性善，则并气质亦谓无恶。如谓：“富岁，子弟多赖；凶年，子弟多暴。非天之降才尔殊也，所以陷溺其心者然也。”又曰：“若夫为不善，非才之罪也。”才即是指气质。孟子之意是以不善完全由于习，气质元无不善也。汉人说性，往往以才性连文为言，不免含混，故当从张子。然天命之性与气质之性并非是两重。程子曰：“论性不论气则不备，论气不论性则不明，二之则不是。”气质之性有善有不善，犹水之有清浊也。清水浊水，元是一水。变化气质，即是去其砂石，使浊者变清。及其清时，亦只是元初水，不是别将个清的来换却浊的。

此理自然流出诸德，故亦名为天德。见诸行事，则为王道。六艺者，即此天德王道之所表显。故一切道术皆统摄于六艺，而六艺实统摄于一心，即是一心之全体大用也。《易》本隐以之显，即是从体起用；《春秋》推见至隐，即是摄用归体。故《易》是全体，《春秋》是大用。伊川作《明道行状》曰：“穷神知化，由通于礼乐；尽性至命，必本于孝弟。”须知《易》言神化，即礼乐之所从出；《春秋》明人事，即性道之所流行。《诗》《书》并是文章，孔子称“尧焕乎其有文章”，子贡称“夫子之文章”，此言文章乃是圣人之大业，勿误作文辞解。文章不离性道，故《易》统《礼》《乐》，横渠《正蒙》云：“一故神，二故化。”礼主别异，二之化也；乐主和同，一之神也。礼主减，乐主盈，礼减而进，以进为文，乐盈而反，以反为文，皆阴阳合德之理。《春秋》该《诗》《书》。孟子谓“王者之迹熄而《诗》亡，《诗》亡然后《春秋》作”，故《春秋》继《诗》。《诗》是好恶之公，《春秋》是褒贬之正。《尚书》称二帝三王极其治，《春秋》讥五伯极其乱，拨乱世反之正，因行事加王心，皆所以继《书》也。

以一德言之，皆归于仁；以二德言之，《诗》《乐》为阳是仁，《书》《礼》为阴是知，亦是义；以三德言之，则《易》是圣人之大仁，《诗》《书》《礼》《乐》并是圣人之大智，而《春秋》则是圣人之大勇；以四德言之，《诗》《书》《礼》《乐》即是仁、义、礼、智；此以《书》配义，以《乐》配智也。以五德言之，《易》明天道，《春秋》明人事，皆信也，皆实理也；以六德言之，《诗》主仁，《书》主知，《乐》主圣，《礼》主义，《易》明大本是中，《春秋》明达道是和。

《中庸》曰：“惟天下至圣，为能聪明睿知，足以有临也；此为德之总相。宽裕温柔，足以有容也；仁德之相。发强刚毅，足以有执也；义德之相。齐庄中正，足以有敬也；礼德之相。文理密察，足以有别也。智德之相。溥博渊泉，而时出之。”溥博言其大，渊泉言其深。此为圣人果上之德相。《经解》所言“温柔敦厚”“疏通知远”“广博易良”“恭俭庄敬”“絜静精微”“属辞比事”，则为学者因地之德相。而“絜静精微”之因德，与“聪明睿智”之果德并属总相，其余则为别相。曰圣曰仁，亦是因果相望，并为总相。总不离别，别不离总，六相摄归一德，故六艺摄归一心。圣人以何圣？圣于六艺而已。学者于何学？学于六艺而已。大哉，六艺之为道！大哉，一心之为德！学者于此可不尽心乎哉？

论西来学术亦统于六艺

六艺不唯统摄中土一切学术，亦可统摄现在西来一切学术。举其大概言之，如自然科学可统于《易》，社会科学或人文科学。可统于《春秋》。因《易》明天道，凡研究自然界一切现象者皆属之；《春秋》明人事，凡研究人类社会一切组织形态者皆属之。董生言“不明乎《易》，不能明《春秋》。”如今治社会科学者，亦须明自然科学，其理一也。物生而后有象，象而后有滋，滋而后有数，今人以数学、物理为基本科学，是皆《易》之支与流裔，以其言皆源于象数而其用在于制器。《易传》曰：“以制器者尚其象。”凡言象数者，不能外于《易》也。人历史过程皆由野而进于文，由乱而趋于治，其间盛衰兴废、分合存亡之迹，蕃变错综。欲识其因应之宜、正变之理者，必比类以求之，是即《春秋》之比事也；说明其故，即《春秋》之属辞也。属辞以正名，比事以定分。社会科学之义，亦是以道名分为归。凡言名分者，不能外于《春秋》也。

文学、艺术统于《诗》《乐》，政治、法律、经济统于《书》《礼》，此最易知。宗教虽信仰不同，亦统于《礼》，所谓“亡于礼者之礼也”。哲学思想派别虽殊，浅深小大亦皆各有所见，大抵本体论近于《易》，认识论近于《乐》，经验论近于《礼》；唯心者《乐》之遗，唯物者《礼》之失。凡言宇宙观者皆有《易》之意，言人生观者皆有《春秋》之意，但彼皆各有封执而不能观其会通。庄子所谓“各得一察焉以自好”“各为其所欲以自为方”者，由其习使然。若能进之以圣人之道，固皆六艺之材也。道一而已，因有得失，故有同异，同者得之，异者失之。《易》曰：“天下同归而殊涂，一致而百虑，天下何思何虑？”睽而知其类，异而知其通，夫何隔碍之有？克实言之，全部人类之心灵，其所表现者不能离乎六艺也；全部人类之生活，其所演变者不能外乎六艺也。故曰：“道外无事，事外无道。”因其心智有明有昧，故见之行事有得有失。孟子曰：“行矣而不著，习矣而不察，终身由之而不知其道者，众也。”彼虽或得或失皆在六艺之中，而不自知其为六艺之道。《易》曰“百姓日用而不知”，其此之谓矣。苏子瞻有诗云：“不识庐山真面目，只缘身在此山中。”岂不信然哉！

学者当知六艺之教，固是中国至高特殊之文化：唯其可以推行于全人类，放之四海而皆准，所以至高；唯其为现在人类中尚有多数未能了解，“百姓日用而不知”，所以特殊。故今日欲弘六艺之道，并不是狭义的保存国粹，单独的发挥自己民族精神而止，是要使此种文化普遍的及于全人类，革新全人类习气上之流失，而复其本然之善，全其性德之真，方是成己成物，尽己之性，尽人之性，方是圣人之盛德大业。若于此信不及，则是于六艺之道犹未能有所入，于此至高、特殊的文化尚未能真正认识也。诸君勿疑此为估价太高，圣人之道，实是如此。世界无尽，众生无尽，圣人之愿力亦无有尽。人类未来之生命方长，历史经过之时间尚短，天地之道只是个“至诚无息”，圣人之道只是个“纯亦不已”，往者过，来者续，本无一息之停。此理决不会中断，人心决定是同然。若使西方有圣人出，行出来的也是这个六艺之道，但是名言不同而已。

诸生当知：六艺之道是前进的，决不是倒退的，切勿误为开倒车；是日新的，决不是腐旧的，切勿误为重保守；是普遍的，是平民的，决不是独裁的，不是贵族的，切勿误为封建思想。要说解放，这才是真正的解放；要说自由，这才是真正的自由；要说平等，这才是真正的平等。西方哲人所说的真、美、善，皆包含于六艺之中，《诗》《书》是至善，《礼》《乐》是至美，《易》《春秋》是至真。《诗》教主仁，《书》教主智，合仁与智，岂不是至善么？《礼》是大序，《乐》是大和，合序与和，岂不是至美么？《易》穷神知化，显天道之常，《春秋》正名拨乱，示人道之正，合正与常，岂不是至真么？诸生若于六艺之道深造有得，真是左右逢源，万物皆备。所谓尽虚空，遍法界，尽未来际，更无有一事一理能出于六艺之外者也。

吾敢断言，天地一日不毁，人心一日不灭，则六艺之道炳然常存。世界人类一切文化最后之归宿必归于六艺，而有资格为此文化之领道者，则中国也。今人舍弃自己无上之家珍，而拾人之土苴绪余以为宝，自居于下劣，而奉西洋人为神圣，岂非至愚而可哀？诸生勉之，慎勿安于卑陋，而以经济落后为耻，以能增高国际地位遂以为可矜。须知今日所名为头等国者，在文化上实是疑问，须是进于六艺之教而后始为有道之邦也。不独望吾国人兴起，亦望全人类兴起，相与坐进此道。勉之！勉之！

举六艺明统类是始条理之事

荀子曰："有圣人之知，有士君子之知，有小人之知，有役夫之知。多言则文而类，终日议其所以，言之千举万变，其统类一也，是圣人之知也。少言则径而省，论而法，若佚之以绳，佚犹引也。是士君子之知也。"今言六艺统摄一切学术，言语说得太广，不是径省之道。颇有朋友来相规诫，谓先儒不曾如此，今若依此说法，殊欠谨严，将有流失，亟须自己检点。此位朋友，某深感其相为之切。故向大众举出，以见古道犹存，在今日是不可多得的。然义理无穷，先儒所说虽然已详，往往引而不发，要使学者优柔自得。学者寻绎其义，容易将其主要处忽略了，不是用力之久，自己实在下一番体验工夫，不能得其条贯。若只据先儒旧说搬出来诠释一回，恐学者领解力不能集中，意识散漫，无所抉择，难得有个入处。所以要提出一个统类来，如荀子说"言虽千举万变，其统类一也"。

《易》传佚文曰："得其一，万事毕。"一者何？即是理也。物虽万殊，事虽万变，其理则一。明乎此，则事物之陈于前者，至赜而不可恶，至动而不可乱，于吾心无惑也。孔子自说"下学而上达”，下学是学其事，上达是达其理。朱子云：“理在事中，事不在理外。”一物之中皆具一理，就那物中见得这个理，便是上达。两件只是一件，所以下学上达不能打成两橛。事物古今有变易，理则尽未来无变易，于事中见理，即是于变易中见不易。若舍理而言事，则是滞于偏曲；离事而言理，则是索之杳冥。须知一理该贯万事，变易元是不易，始是圣人一贯之学。佛氏华严宗有四法界之说：一事法界，二理法界，三理无碍法界，四事事无碍法界。孔门六艺之学实具此四法界，虽欲异之而不可得，先儒只是不说耳。学者虽一时辏泊不上，然不可不先识得个大体，方不是舍本而求末，亦不是遗末而言本。

今举六艺之道，即是拈出这个统类来。统是指一理之所该摄而言，类是就事物之种类而言。统，《说文》云“纪也”。纪，“别丝也”，俗言丝头。理丝者必引其端为纪。总合众丝之端，则为统，故引申为本始之称，又为该摄之义。类有两义：一相似义，如“万物睽而其事类也”是；一分别义，如“君子以类族辨物”是。《说文》：“种类相似，唯犬为甚。”故从犬。知天下事物种类虽多，皆此一理所该摄，然后可以相通而不致相碍。“人能弘道，非道弘人”，如此方有弘的意思。圣人往矣，其道则寓于六艺，未尝息灭也。六艺是圣人之道，即是圣人之知。行其所知之谓道，今欲学而至于圣人之道，须先明圣人之知。知即是智。孟子曰：“始条理者，智之事也；终条理者，圣之事也。”圣人之知，统类是一，这便是始条理；圣人之道，本末一贯，这便是终条理。《易》曰：“知至至之，可与几也；知终终之，可与存义也。”今虽说得周遮浩汗，不是下稍没收煞，言必归宗，期于圣人之言，无所乖畔。始条理是博文，终条理便是约理。礼即是理，经籍中二字通用不别。孟子曰："博学而详说之，将以反说约也。"这不是教学者躐等，是要学者致思。"学而不思则罔，思而不学则殆"，朱子说罔是"昏而无得"，殆是"危而不安"。或问又曰："罔者，其心昏昧，虽安于所安而无自得之见。殆者，其心危迫，虽得其所得而无可即之安。"若不入思惟，所有知识都是从闻见外铄的，终不能与理相应，即或有相应时，亦是亿中，不能与理为一。故今不避词费，丁宁反覆，只是要学者合下知道用思，用思才能入理。虽然，多说理，少说事。事相繁多，要待学者自己去逐一理会；理则简易，须是待人启发，才有入处，便可触类旁通。《易》曰："引而申之，触类而长之，天下之能事毕矣。"

《周礼》司徒之官有大司乐，"掌成均之法，治建国之学政，而合国之子弟。"《乐经》无书，先儒亦有以《大司乐》一篇当之者。郑注引董仲舒云："成均，五帝之学。"《礼记·文王世子》亦有"成均"。古之大学何以名为"成均"，今略说其义。成是成就。均是周遍。《说文》："均，平遍也。""遍，周帀也。"此本以《乐》教为名，乐之一终为一成，亦谓一变。乐成则更奏，故谓变。九成亦言九变。均即今之韵字。"八音克谐，无相夺伦"，和之至也。大学取义如此，可以想见当时德化之盛。孟子说"孔子之谓集大成"，亦是以乐为比。故曰："集大成也者，金声而玉振之也。金声也者，始条理也；玉振之也者，终条理也。始条理者，智之事也；终条理者，圣之事也。"条如木之有条，理如玉之有理。朱注云："条理，犹言脉络，指众音而言。智者，知之所及；圣者，德之所就。"《文集》云："智是见得彻，圣是行得彻。"朱子注此章说得最精，言孔子集三圣之事而为一大圣之事，三圣谓上文伯夷、伊尹、柳下惠。犹作乐者集众音之小成而为一大成也。“盖乐有八音”“若独奏一音，则其音自为始终，而为一小成，犹三子之所知偏于一，而其所就亦偏于一也。八音之中，金石为重，故特为众音之纲纪。又金始震而玉终诎然，故并奏八音，则于其未作，先击镈钟以宣其声，俟其既阕，而后击特磬以收其韵。宣以始之，收以终之。二者之间，脉络通贯，无所不备，则合众小成而为一大成，犹孔子之知无不尽而德无不全也”。伯夷合下只见得清，其终亦只成就得个清底；伊尹合下只见得任，其终亦只成就得个任底；柳下惠合下只见得和，其终亦只成就得个和底：此便是小成。孔子合下兼综众理，成就万德，便是大成。

知有小大，言亦有小大。吾人既欲学圣人，便不可安于小知，蔽于曲学，合下规模要大，心量要宽。亦如作乐之八音并奏，通贯谐调，始以金声，终以玉振。如此成就，方不是小小。今举六艺以明统类乃正是始条理之事。古人成均之教，其意义亦是如此。学者幸勿以吾言为河汉而无极也。

《论语》首末二章义

《论语》记孔子及诸弟子之言，随举一章，皆可以见六艺之旨。然有总义，有别义，别义易见，总义难知。果能身通六艺，则于别中见总，总中见别，交参互入，无不贯通。故程子说："圣人无二语，彻上彻下只是一理。"谢上蔡说："圣人之学无本末、无内外。从洒扫、应对、进退以至精义入神，只是一贯。一部《论语》，只恁么看。"扬子云说："圣人之言远如天，贤人之言近如地。"程子改之曰："圣人之言，其远如天，其近如地。"学者如能善会，即小可以见大，即近可以见远，真是因该果海，果彻因原。《易·系传》曰"无有远近幽深，遂知来物"者，方来之事相，即是见微而知其著，见始而知其终。如樊迟问仁，子曰："爱人。"问知，子曰："知人。"学者合下便可用力。及到圣人地位，尧舜之仁，爱人而已矣；尧舜之知，知人而已矣。亦只是这个道理，非是别有。此乃是举因该果之说。其他问仁、问政，如此类者甚多，切须善会。今举《论语》首末二章，略明其义。

首章曰："学而时习之，不亦说乎？有朋自远方来，不亦乐乎？人不知而不愠，不亦君子乎？"悦、乐都是自心的受用。时习是功夫，朋来是效验。悦是自受用，乐是他受用，自他一体，善与人同。故悦意深微而乐意宽广，此即兼有《礼》《乐》二教义也。《说命》曰“敬逊务时敏，厥修乃来”，即时习义。“坐如尸”，坐时习；“立如斋”，立时习。惟敬学，故时习，此即《礼》教义。以善及人而信从者众。欢忻交通，更无不达之情，此即《乐》教义也。

“人不知而不愠，不亦君子乎？”君子是成德之名。“人不知而不愠”，地位尽高。孔子自已说：“不怨天，不尤人。”“知我者其天乎？”《乾·文言》“遁世无闷，不见是而无闷”，《中庸》“遁世不见知而不悔”，皆与此同意。“不见是”与“不见知”意同，言不为人所是也。庄子说“举世非之而不加沮，举世誉之而不加劝”，亦同。但孔子之言说得平淡，庄子便有些过火。

学至于此，可谓安且成矣，故名为君子。此是《易》教义也。何以言之？孔子系《易》大象，明法天用《易》之道，皆以君子表之。例如《乾》象曰：“天行健，君子以自强不息。”《坤》象曰：“地势坤，君子以厚德载物。”六十四卦中，称君子者凡五十五卦，称先王者七卦，称后者二卦。《易乾凿度》曰：“《易》有君人之号五：帝者，天称；王者，美称；天子者，爵号；大君者，与上行异；与上，言民与之，欲使为于大君也。大人者，圣明德备也。变文以著名，题德以别操。”郑注云：“虽有隐显，应迹不同，其致一也。”其义甚当。五号虽皆题德之称，然以应迹而著，故见于爻辞以各当其时位。大象则不用五号而多言君子，此明君子但为德称，不必其迹应帝王也。《系传》曰：“君子之道，或出或处，或默或语。”非专指在位明矣。《礼运》曰：“禹、汤、文、武、成王、周公，由此其选也。此六君子者，未有不谨于礼者也。”此见先王亦称君子。孔子曰："文，莫吾犹人也。躬行君子，则吾未之有得。"孔子德盛言谦，犹不敢以君子自居。《论语》凡言文者，皆指六艺之文，学者当知。又曰："圣人，吾不得而见之，得见君子者，斯可矣。"此如佛氏判果位名号，圣人是妙觉，君子则是等觉也。"君子素其位而行"，富贵、贫贱、夷狄、患难皆谓之位。此位亦是以所处之时地言之，故知君子不是在位之称，而是成德之目。孔颖达以"君临上位，子爱下民"释之，《易》正义。不知君子虽有君临之德，不必定履君临之位也。

《易》为君子谋，不为小人谋。君子修之，吉；小人悖之，凶。群经中每以君子、小人对举，"人小道长"则"君子道消"。小人亦有他小人之道，《孟子》曰："道二，仁与不仁而已矣。"君子之道是仁，小人之道是不仁。仁者浑然与物同体，反此则有有我之私，便是不仁。由此言之，若己私有一毫未尽者，犹未离乎小人也。故曰："一日克己复礼，天下归仁。"

君子与小人之辨，即是义与利之辨，亦即是仁与不仁之辨。以佛氏之理言之，即是圣凡、迷悟之辨。程子曰："小人只不合小了。"阳明所谓从躯壳起见，他只认形气之私为我。佛氏谓之萨迦耶见，即是末那识。转此识为平等性智，即是"克己复礼"，乃是君子之道矣。一切胜心客气皆由此生，故尽有小人而有才智者。彼之人法二执，人执是他自我观念，法执是他的主张。更为坚强难拔，此为不治之证。"人不知而不愠"，非己私已尽不能到此地步。圣人之词缓，故下个"不亦"字，下个"乎"字。

《易》是圣人最后之教，六艺之原，非深通天人之故者不能与《易》道相应。故知此言君子者，是《易》教义也。凡言君子者，通六艺言之，然有通有别，此于六艺为别，故说为《易》教之君子。学者读此章，第一须认明“学而时习之”，学是学个甚么；第二须知如何方是时习工夫；第三须自己体验，自心有无悦怿之意，此便是合下用力的方法；末了须认明君子是何等人格，自己立志要做君子，不要做小人。如何才够得上做君子，如何才可免于为小人，其间大有事在，如此方不是泛泛读过。

末章“不知命，无以为君子也”，是《易》教义；“不知礼，无以立”，是《礼》教义；“不知言，无以知人”，是《诗》教义。后二义显，前一义隐。今专明前义。

《易·系传》曰：“穷理尽性以至于命。”《乾卦·彖传》曰：“乾道变化，各正性命。”性、命一理也，自天所赋言之则谓之命，自人所受言之则谓之性。《大戴礼·本命篇》：“分于道谓之命，形于一谓之性，化于阴阳、象形而发谓之生，化穷数尽谓之死。故命者，性之终也。”此皆以气言命者。“性之终”，乃是告子“生之谓性”之说，不可从。汉儒说性命类如此，今依程子说。不是性之上更有一个命，亦不是性命之外别有一个理。故程子曰：“理穷则性尽，尽性则至命，只是一事。不是穷了理再去尽性，只穷理便是尽性，尽性便是至命。”此与孟子说“尽其心者，知其性也，知其性则知天矣”语脉一样。尽心、知性、知天不是分三个阶段，一证一切证。孔子自言“五十而知天命”，即是“穷理尽性以至于命”也。天命即是天理之异名，天理即是性中所具之理。

孔子晚而系《易》，尽《易》之道。今告学者曰，“不知命，无以为君子也”，言正而厉。连下三“不”字，三“无以”字，皆决定之词，与首章词气舒缓者不同。此见首章是始教，意主于善诱，此章是终教，要归于成德。记者以此殿之篇末，其意甚深。以君子始，以君子终，总摄归于《易》教也。又第十六篇，孔子曰：“君子有三畏，畏天命、畏大人、畏圣人之言。小人不知天命而不畏也，狎大人，侮圣人之言。”朱子注云：“天命者，天所赋之正理也。”小人不知天命，故不识义理而无忌惮，亦正可与此章互相发明。

复次，学者须知命有专以理言者，上来所举是也。亦有专以气言者，如“道之将行也与？命也；道之将废也与？命也”“死生有命，富贵在天”之类是也。先儒恐学者有好高躐等之弊，故说此章命字多主气言。朱子注云：“人不知命，则见害必避，见利必趋，何以为君子？”《语录》曰：“死生自有定命，若合死于水火，须在水火里死；合死于刀兵，须在刀兵里死。如何逃得？”看此说虽甚粗，所谓知命者，不过如此。又曰：“只此最粗的，人都信不及，便讲学得，待如何亦没安顿处。今人开口亦解说一饮一啄自有定分，及遇小小利害，便生趋避计较之心。古人刀锯在前，鼎镬在后，视之如无者，盖缘只见得道理，都不见那刀锯鼎镬。”此言亦甚严正，与学者当头一棒，深堪警省。据某见处，合首末两章看来，圣人之言是归重在《易》教，故与朱子说稍有不同。学者切勿因此遂于朱注轻有所疑，须知，朱子之言亦是《易》教所摄，并无两般也。

君子小人之辨

经籍中多言君子，亦多以君子与小人对举。盖所以题别人流，辨其贤否，因有是名。先儒释君子有二义：一为成德之名，一为在位之称。其与小人对举者，依前义，则小人为无德；依后义，则小人为细民。然古者必有德而后居位，故在位之称君子，亦从其德名之，非以其爵。由是言之，则君子者，唯是成德之名也。孔子曰：“君子去仁，恶乎成名？”此其显证矣。

仁者，心之本体，德之全称。“君子无终食之间违仁，造次必于是，颠沛必于是”，明君子体仁，其所存无间也。又曰：“君子道者三，我无能焉。仁者不忧，智者不惑，勇者不惧。”此见君子必兼是三德。又曰：“君子义以为质，礼以行之，孙以出之，信以成之，君子哉！”此言君子之制事，本于义而成于信，而行之则为礼、逊。逊即是礼。义为礼之质，礼又为逊之质。所存是义，行出来便是礼。礼之相便是逊，实有是质便谓之信。无是质便不能有此礼、逊，故曰“信以成之”也。“义以为质”，亦犹“仁以为体”，皆性德之符也。又曰：“君子不器。”朱子云：“器者，各适其用而不能相通。成德之士，体无不具，故用无不周，非特为一才一艺而已。”是知器者，智效一官，行效一能，德则充塞周遍，无有限量。《学记》亦言“大德不官，大道不器”，器因材异而德唯性成，故不同也。君子所以为君子，观于此亦可以明矣。

然知德者鲜，故唯圣人能知圣人，唯君子能知君子。德行者，内外之名，行则人皆见之，德则唯是自证。言又比行为显，故曰：“有德者必有言，有言者不必有德。”“昔吾于人也，听其言而信其行。今吾于人也，听其言而观其行。”如令尹子文之忠，陈文子之清，皆行之美者，而曰“焉得仁”？孟武伯问子路、冉有、公西华，皆曰“不知其仁”。原思问“克、伐、怨、欲不行焉”，曰“可以为难矣，仁则吾不知也”。故虽有善行，不以仁许之，是有行者未必有德也。“恶乡原，恐其乱德也”，乡原居之似忠信，行之似廉洁，非之无非，刺之无刺，观其行事疑若有似乎君子，而孔子恶之，谓其乱德。此见君子之所以为成德者，乃在心术。行事显而易见，心术微而难知。若但就行事论人，鲜有不失之者矣。

既知君子所以为君子，然后君子小人之辨乃可得而言。经传中言此者不可胜举，今唯据《论语》，以孔子之言为准。如曰：“君子而不仁者有矣夫，未有小人而仁者也。”君子既“无终食之闲违仁”，何以有时而不仁？此明性德之存，不容有须臾之闲。禅家之言曰：“暂时不在，如同死人。”此语甚精。一或有闲，则唯恐失之，非谓君子果有不仁也。“未有小人而仁者也”，则是决定之词。小人唯知徇物，不知有性，通体是欲，安望其能仁哉？故知君子是仁，小人是不仁。“君子喻于义，小人喻于利”。喻义，故无适无莫，义之与比；喻利，故见害必避，见利必趋。故知君子是义，小人是不义。“君子上达”，循理，故日进乎高明；“小人下达”，从欲，故日究乎污下。故知君子是智，小人是不智。“君子泰而不骄”，由礼，故安舒；“小人骄而不泰”，逞欲，故矜肆。故知君子无非礼，而小人则无礼。夫不仁不智，无礼无义，则天下之恶皆归之矣。然君子、小人之分途，其根本在心术隐微之地，只是仁与不仁而已矣。必己私已尽，浑然天理，然后可以为仁。但有一毫有我之私，便是不仁，便不免为小人。参看《〈论语〉首末二章义》。

仁者，廓然而大公，物来而顺应；反之，自私而用智，必流于不仁。“用智”之智，只是一种计较利害之心，全从私意出发，其深者为权谋术数。世俗以此为智，实则是惑而非智也。常人亦知有公私之辨，然公亦殊不易言。伊川曰：“公只是仁之理，不可将公便唤做仁，公而以人体之，方是仁。”朱子曰：“世有以公为心而惨刻不恤者，须公而有恻隐之心。此工夫却在人字上，惟公则能体之。”只为公，则物我兼照，故仁。所以能恕，所以能爱，恕则仁之施，爱则仁之用也。恕之反面是忮，爱之反面是忍。君子之用，心公以体人，故常恕人，常爱人；小人之用，心私以便己，流于忮，流于忍。其与人也，“君子周而不比，小人比而不周”，周公而比私，故一则普遍，一则偏党。“君子和而不同，小人同而不和”，和故无乖戾，同则是偏党也。“君子成人之美，不成人之恶，小人反是”，一则与人为善，一则同恶相济也。“君子易事而难说。说之不以其道，不说也；及其使人也，器之。小人难事而易说也。说之虽不以道，说也；及其使人也，求备焉”，君子之心公而恕，小人之心私而刻也。“君子求诸己，小人求诸人”，君子唯务自反，而小人唯知责人也。“君子坦荡荡，小人长戚戚”。廓尔无私，故宽舒；动不以正，故忧吝也。

综是以观，君子、小人之用心其不同如此，充类以言之，只是仁与不仁、公与私之辨而已。

人苟非甚不肖，必不肯甘于为小人。然念虑之间，毫忽之际，一有不存，则徇物而忘己、见利而忘义者有之矣。心术隐微之地，人所不及知。蔽之久者，习熟而不自知其非也。世间只有此二途，不入于此，则入于彼，其间更无中立之地。学者果能有志于六艺之学，当知此学即圣人之道，即君子之道，亟须在日用间自家严密勘验，反覆省察。一念为君子，一念亦即为小人，二者吾将何择？其或发见自己举心动念有属于私者，便当用力克去。但此心义理若有未明，则昏而无觉，故必读书穷理，涵养用敬，进学致知。学进则理明，理明则私自克，久久私意自然不起，然后可以为君子而免于为小人。此事合下便须用力，切不可只当一场话说。孔子曰：“苟能一日用其力于仁矣乎？吾未见力不足者。”此语决不相瞒，望猛著精采，切勿泛泛听过。

理气（形而上之意义，义理名相一）

今欲治六艺，以义理为主。义理本人心所同具，然非有悟证，不能显现。悟证不是一时可能，根器有利钝，用力有深浅。但知向内体究，不可一向专恃闻见，久久必可得之。体究如何下手？先要人思惟。体是反之自身之谓，究是穷尽其所以然之称。亦云体认，认即审谛之意。或言察识，或言体会，并同。所以引人思惟，则赖名言。名言是能诠，义理是所诠。诠表之用，在明其相状，故曰名相。名相即是言象道理。譬如一个人，名是这个人的名字，相即状貌。譬如其人之照相，如未识此人以前，举其名字，看他照相，可得其仿佛。及亲见此人，照相便用不着，以人之状态是活的，决非一个或多个之照相所能尽。且人毕竟不是名字，不可将名字当作人。识得此人，便不必定要记他名字也。故庄子云："得言忘象，得意忘言。"《易传》曰："书不尽言，言不尽意。"老子曰："道可道，非常道。名可名，非常名。"皆是此意。得是要自得之，如今所讲，也只是名字和照相。诸君将来深造自得，才是亲识此人，不特其状貌一望而知，并其气质性情都全明了，那时这些言语也用不着。

魏晋间人好谈老庄，时称为善名理，其实即是谈名相。因为所言之理只是理之相，若理之本体，即性，是要自证的，非言说可到。程子云："才说性时，便已不是性了。"可以说出来的，也只是名相。故佛氏每以性、相对举，先是依性说相，后要会相归性，这是对的。佛氏有破相显性宗（据圭峰《禅源诠》所判），儒者不须用此。如老子便是破相，孔子唯是显性而不破相，在佛氏唯圆教实义足以当之，简易又过佛氏。要学者引入思惟，不能离名相，故今取六艺中名相关于义理最要而为学者致知所当先务者，举要言之，使可逐渐体会，庶几有入。

《易》为六艺之原，《十翼》是孔子所作，一切义理之所从出，亦为一切义理之所宗归。今说义理名相，先求诸《易》。易有三义：一变易，二不易，三简易。学者当知气是变易，理是不易。全气是理，全理是气，即是简易。此是某楷定之义，先儒释三义未曾如此说。然颇简要明白，善会者自能得之。只明变易，易堕断见；只明不易，易堕常见。须知变易元是不易，不易即在变易，双离断常二见，名为正见，此即简易也。"易简而天下之理得矣，天下之理得而成位乎其中矣""圣人之作《易》也，将以顺性命之理"，此用理字之始。"精气为物，游魂为变"，魂亦是气。"同声相应，同气相求"，声亦是气。此用气字之始。故言理、气皆原于孔子。

"形而上者谓之道，形而下者谓之器"，道即言乎理之常在者，器即言乎气之凝成者也。《乾凿度》曰："太易者，未见气也；太初者，气之始也；太素者，质之始也；太始者，形之始也。"言气质始此。此言有形必有质，有质必有气，有气必有理。未见气，即是理，犹程子所谓"冲漠无朕"。理气未分，可说是纯乎理，然非是无气，只是未见。故程子曰：“万象森然已具。”理本是寂然的，及动而后始见气，故曰“气之始”。气何以始？始于动，动而后能见也。动由细而渐粗，从微而至著，故由气而质，由质而形。

“形而上”者，即从粗以推至细，从可见者以推至不可见者，逐节推上去，即知气未见时纯是理，气见而理即行乎其中。故曰：“体用一原，显微无间。”不是元初有此两个物事相对出来也。邵康节云：“流行是气，主宰是理。不善会者，每以理气为二，元不知动静无端，阴阳无始，理气同时而具，本无先后，因言说乃有先后。”两字不能同时并说。就其流行之用而言谓之气，就其所以为流行之体而言谓之理。用显而体微，言说可分，实际不可分也。

“形而下”是逐节推下去。“有天地然后有万物，有万物然后有男女。”“物生而后有象，象而后有滋，滋而后有数。”“见乃谓之象，形乃谓之器。”“天尊地卑，乾坤定矣；卑高以陈，贵贱位矣；动静有常，刚柔断矣。方以类聚，物以群分，吉凶生矣；在天成象，在地成形，变化见矣。”这一串都是从上说下来，世界由此安立，万事由此形成，而皆一理之所寓也。

故曰：“天地设位，而《易》行乎其中矣。”“乾坤成列，而《易》立乎其中矣。”立字即是位字，古文位只作立。“乾坤毁，则无以见《易》。《易》不可见，则乾坤或几乎息矣。”“法象莫大乎天地。”此言“天地设位”“乾坤成列”，皆气见以后之事，而《易》“行乎其中”“位乎其中”则理也。“乾坤毁，则无以见《易》”，离气则无以见理。“《易》不可见，则乾坤或几乎息矣”，若无此理，则气亦不存。“易有太极，是生两仪，两仪生四象，四象生八卦”，故曰："生生之谓易。"生之理是无穷的。太极未形以前，"冲漠无朕"，可说气在理中。太极既形以后，"万象森然"，可说理在气中。"四时行，百物生""逝者如斯夫，不舍昼夜"，天地之大化，默运潜移，是不息不已的，此所谓"《易》行乎其中"也。此理不堕声色，不落数量，然是实有，不是虚无，但可冥符默证，难以显说。须是时时体认，若有悟入，则触处全真。鸢飞鱼跃，莫非此理之流行，真是活泼泼地。今拈出三易之义，略示体段，若能善会，亦可思过半矣。

或问：既曰气始于动，何以又言动静无端？阴阳无始？答：一以从体起用言之，故曰有始；一以摄用归体言之，故曰无始。此须看《太极图说》朱子注可明。周子曰："太极动而生阳，动极而静，静而生阴，静极复动。一动一静，互为其根。分阴分阳，两仪立焉。"朱子注曰："太极者，本然之妙也。动静者，所乘之机也。自其著者而观之，则动静不同时，阴阳不同位，而太极无不在焉。自其微者而观之，则冲漠无朕，而动静阴阳之理已悉具于其中矣。虽然，推之于前而不见其始之合，引之于后而不见其终之离也。"故程子曰："动静无端，阴阳无始，非知道者孰能识之？"又曰："一动一静，循环无端。无静不成动，无动不成静。譬如鼻息无时不嘘，无时不吸，嘘尽则生吸，吸尽则生嘘。理自如此。"又曰："阴阳有个流行底，一动一静，互为其根，寒暑往来是也。有个定位底，分阴分阳，两仪立焉，天地四方是也。"学者仔细体会，可以自得。老子亦言"无名，天地之始；有名，万物之母"，此有始之说也；"迎之不见其首，随之不见其后"，此无始之说也。

知能（义理名相二）

人受天地之中以生，凡属有心，自然皆具知能二事。孟子曰:“人之所不学而能者,其良能也;所不虑而知者,其良知也。”其言知、能，实本孔子《易传》。在《易传》谓之易简，在《孟子》谓之良。就其理之本然则谓之良，就其理气合一则谓之易简，故孟子之言是直指，而孔子之言是全提。何谓全提？即体用、本末、隐显、内外，举一全该，圆满周遍，更无渗漏是也。盖单提直指，不由思学，虑即是思。不善会者便成执性废修。全提云者，乃明性修不二，全性起修，全修在性，方是简易之教。“性修不二”是佛氏言，以其与“理气合一”之旨可以相发，故引之。性以理言，修以气言。知本乎性，能主乎修。性唯是理，修即行事，故知行合一，即性修不二，亦即理事双融，亦即“全理是气，全气是理”也。

《易·系辞传》曰：“乾知大始，本来自具，故曰大始。坤作成物。成辨万事，故曰成物。乾以易知，坤以简能。易则易知，简则易从。易知则有亲，易从则有功。有亲则可久，有功则可大。可久则贤人之德，可大则贤人之业。”此言“易知”即“仁远乎哉？我欲仁，斯仁至矣”之意；“易从”即是“先立乎其大者，而其小者不能夺也”之意。“云从龙，风从虎，圣人作而万物睹”，“从”之为言气从乎理也。佛氏谓之随顺法性。横渠《正蒙》云：“德胜其气则性命于德，德不胜其气则性命于气。”横渠所谓“命于德”即是理为主，“命于气”即是气为主。气从乎理，即性命于德矣。横渠此处用性字，系兼气质言之。又禅师家有“物从心为正，心逐物为邪”二语，亦甚的当，与横渠之言相似。

知是本于理性所现起之观照，自觉自证境界，亦名为见地；能是随其才质发见于事为之著者，属行履边事，亦名为行。故知能即是知行之异名，行是就其施于事者而言，能是据其根于才质而言。“易知则有亲”者，此“知”若是从闻见得来，总不亲切，不亲切便不是真知；是自己证悟的方是亲切，方是真知。“易从则有功”者，此“能”若是矫揉造作，随人模仿的，无功用可言；必是自己卓然有立，与理相应，不随人转，方有功用。“有亲则可久”者，唯见得亲切，不复走作，不是日月一至，故可久。“有功则可大”者，动必与理相应，其益无方，自然扩充得去，不限一隅一曲，故可大。

理得于心而不失谓之德，发于事为而有成谓之业。知至是德，成能是业也。天地设位，圣人成能，能之诣极即功用之至神矣。言贤人者，明是因地。从性起修，举理成事，全修在性，即事是理。故曰：“易简而天下之理得矣。夫乾确然，示人易矣。确然是言其健。夫坤隤然，示人简矣。隤然是言其顺。”“天下之动，贞夫一者也”，全理即气，全气即理，斯“贞夫一”矣，乃所以为易简也。故曰孔子之言是全提也。“知至至之，可与几也”，致知而有亲也；“知终终之，可与存义也”，力行而有功也。“始条理者，智之事”，明伦察物尽知也；“终条理者，圣之事”，践形尽性尽能也。

圣人之学，亦尽其知能而已矣。说“知”莫大于《易传》，“仰以观于天文，俯以察于地理，是故知幽明之故。原始反终，故知死生之说。精气为物，游魂为变，是故知鬼神之情状。”“通乎昼夜之道而知。”“知变化之道者，其知神之所为乎？”“穷神知化，德之盛也。”“知几其神乎？”“君子知微知彰，知柔知刚，万夫之望。”由此可见圣人所知是何等事。

说“能”莫大乎《中庸》，“唯天下至诚，为能尽其性。能尽其性，则能尽人之性。能尽人之性，则能尽物之性。能尽物之性，则可以赞天地之化育。”“唯天下至诚为能化。”“唯天下至诚，为能经纶天下之大经，立天下之大本，知天地之化育，夫焉有所倚。”由此可见圣人所能是何等事。

学者当思圣人所知如此其至，今我何为不知？必如圣人之知，而后可谓尽其知。圣人所能如此其大，今我何为不能？必如圣人之能，而后可谓尽其能。思知人，不可以不知天道不远人，人之为道而远人，不可以为道。“为仁由己，而由人乎哉”，言其亲也。“自诚明谓之性”“易则易知”也。“其次致曲，曲能有诚，诚则形，形则著，著则明，明则动，动则变，变则化”，言其功也。“自明诚谓之教”“简则易从”也。“有是气必有是理，有是理必有是气”“万物皆备于我矣，反身而诚，乐莫大焉”，易简之至也。

学问之道，亦尽其知能而已矣。“博学、审问、慎思、明辨、笃行，弗能弗措，弗知弗措，弗得弗措，弗明弗措，弗笃弗措。”“人一能之，己百之；人十能之，己千之。”尽知尽能之术也。尽其知能，可期于盛德大业矣。“盛德大业至矣哉”，日新之谓盛德，富有之谓大业。“学有缉熙于光明”，斯日新矣。六通四辟，小大精粗，其用无乎不备，斯富有矣。世有诋心性为空谈，视义理为无用，守闻见之知，得少为足而沾沾自喜者，不足以进于知也。其或小有器能，便以功业自居，动色相矜，如此者，不足以进于能也。庄子曰：“由天地之道观惠施之能，其犹一蚊一蝱之劳者也。”禅师家有德山曰：“穷诸玄辩，若一毫置于太虚；竭世枢机，犹一滴投于巨海。”有志于进德修业者，观乎此亦可以知所向矣。

告子言“生之谓性”，佛氏言作用是性，皆只在气上说。孟子指出四端，乃是即理之气，所以为易简。今人亦言直觉，若有近于良知；言本能，若有近于良能。然直觉是盲目的，唯动于气，良知则自然有分别。本能乃是气之粗者，如“饮食”“男女”之类，亦唯是属气；良能则有理行乎其间，如“未有学养子而后嫁”“徐行后长”之类，乃是即气之理。此须料简。若但以知觉运动言知能，其间未有理在，则失之远矣。

附录

论老子流失

周秦诸子以道家为最高，道家之中又以老子为最高，而其流失亦以老子为最大。吾谓老子出于《易》，何以言之？因为《易》以道阴阳，故长于变。爱恶相攻而吉凶生，远近相取而悔吝生，情伪相感而利害生。这个道理老子观之最熟，故常欲以静制动，以弱胜强。其言曰：“重为轻根，静为躁君。”“反者道之动，弱者道之用。”此其宗旨在退处无为，自立于无过之地，以徐待物之自变，绝不肯伤锋犯手，真是全身远害第一法门。任何运动，他决不参加，然汝任何伎俩，他无不明白。禅师家有一则机语，问：“二龙争珠，谁是得者？”答曰：“老僧只管看。”老子态度便是如此。故曰：“微妙玄通，深不可识。”他看世间一切有为，只是妄作，自取其咎，浅陋可笑。故曰：“不知常，妄作，凶。”他只燕处超然，看汝颠扑，安然不动，令汝捉不到他的败阙，不奈他何。以佛语判之，便是有智而无悲，儒者便谓之不仁。他说“失道而后德，失德而后仁，失仁而后义”，把仁义看得甚低。“天法道，道法自然”，道是自然之徒，天是道之徒，把自然推得极高，天犹是他第三代末孙子。

然他欲极端收敛，自处卑下，故曰：“上善若水，水善利万物而不争，处众人之所恶。”“吾有三宝：曰慈，曰俭，曰不敢为天下先。慈故能勇，俭故能广，不敢为天下先故能成器长。”老子所谓慈，与仁慈之慈不同。他是取其不怒之意，故又曰：“善为士者不武，善战者不怒。”所谓俭，与“治人事天莫若啬”之“啬”意同，是收敛藏密之意，亦不是言俭约也。“不敢为天下先”，即是“欲上民，必以言下之；欲先民，必以身后之”之意。“后其身而身先，外其身而身存”，他只是一味下人，而人莫能上之；只是一味后人，而人莫能先之。言“器长”者，为器之长，必非是器。“朴散则为器”“朴虽小，天下莫能臣”也，故谓之长。“天下神器，不可为也。为者败之，执者失之”，唯其下物，乃可长物。老子所言朴者，绝于形名，其义深秘，故又谓“侯王若能守之，万物将自宾”。朴字最难下注脚，王辅嗣以“无心无名”释之，愚谓不若以佛氏实相、无相之义当之为差近。惟无相，故不测，一切法无相，即是诸法实相。佛言一切法，犹老子所谓器；言实相，犹子所谓朴。“为者败之，执者失之”，犹生心取相也。相即无相，故曰神器；诸法实相，故名朴也。此皆言“弱者道之用”也。又曰：“曲则全，枉则直，洼则盈，敝则新。”“明道若昧，进道若退，夷道若纇。”此皆言“反者道之动”也。

此其于《易》象“消息盈虚”“无平不陂，无往不复”之理所得甚深，然亦为一切权谋术数之所从出。故曰：“古之善为道者，非以明民，将以愚之。”“取天下常以无事，及其有事，不足以取天下。”“将欲翕之，必固张之；将欲取之，必固与之。”但彼较后世权谋家为深远者，一则以任术用智自喜，所以浅薄；老子则深知智数之卑，然其所持之术，不期而与之近。彼固曰“以智治国，国之贼；不以智治国，国之福”“知此两者亦稽式”。王辅嗣训“稽”为“同”，犹今言公式。盖谓已往之迹皆如此也。常知稽式，是谓玄德。玄德深矣远矣，与物反矣，然后乃至大顺。惟其与物反，所以大顺亦是一眼觑定。“反者道之动”“君向潇湘我向秦”，你要东，他便西，“俗人昭昭，我独昏昏”“俗人察察，我独闷闷”“众人皆有以，而我独顽似鄙”。他总与你反一调，到临了你总得走上他的路。因为你若认定一条路走，他便知你决定走不通，故他取的路与你自别。他亦不作主张，只因你要东，他便西，及至你要西时，他又东了。他总比你高一著，你不能出他掌心。其为术之巧妙如此。然他之高处，惟其不用术，不任智，所以能如此。世间好弄智数、用权谋者，往往失败。你不及他深远，若要学他，决定上当。

他看众人太低了，故不甚爱惜。“天地不仁，以万物为刍狗；圣人不仁，以百姓为刍狗”。刍狗者，缚刍为狗，不是真狗，极言其无知而可贱也。“知我者希，则我者贵”，他虽常下人，常后人，而实自贵而贱人，但人不觉耳。法家如商鞅、韩非、李斯之流，窃取其意，抬出一个法来压倒群众，想用法来树立一个至高无上的权威，使人人皆入他彀中，尽法不管无民。其实他所谓法，明明是他私意撰造出来的，不同儒家之天秩、天讨，而彼方自托于道，亦以众人太愚而可欺了，故至惨刻寡恩，丝毫没有恻隐。苏子瞻说其父报仇，其子杀人行劫，法家之不仁，不能不说老子有以启之。合阴谋家与法家之弊观之，不是“其失也贼”么？

看来老子病根所在只是外物，他真是个纯客观、大客观的哲学，自己常立在万物之表。若孔子之道则不然，物我一体，乃是将万物摄归到自己性分内，成物即是成己。故某常说："圣人之道，己外无物。"其视万物犹自身也。肇法师云："圣人无己，靡所不己。"此言深为得之。老子则言圣人"无私，故能成其私"。明明说"成其私"，是己与物终成对待，此其所以失之也。再举一例，更易明了，如老子之言曰："万物并作，吾以观其复。夫物芸芸，各复归其根。"孔子则曰："圣人感人心而天下和平，观其所感而天地万物之情可见矣。""圣人久于其道而天下化成，观其所恒而天地万物之情可见矣。"作、复是以物言，恒、感是以心言。老子连下两"其"字，是在物一边看；孔子亦连下两"其"字，是在自己身上看。其言"天地万物之情"可见，是即在自己恒、感之理上见的，不是离了自心恒、感之外别有一个天地万物。老子说吾以观其作、复，是万物作、复之外别有一个能观之我，这不是明明不同么？

今讲老子流失，是要学者知道心术发源处，合下便当有择。若趋向外物一边，直饶汝聪明睿知到老子地位，其流弊不可胜言。何况如今代唯物史观一流之理论，其浅薄处去老子简直不能以霄壤为喻，而持彼论者往往自矜，以为天下莫能过，岂不哀哉！

赠浙江大学毕业诸生序

中华民国二十七年六月，浙江大学三院诸生毕业者九十余人。先是，大学因避暴日之乱，展转徙江西之泰和。在颠沛流离中，未尝一日辍学，及是乃举行毕业式于上田村萧氏宗祠，横舍所假地也。校长竺君属以一言为诸生勖，既固辞不获，因以来宾亦有致词之例，仆虽于学校为客，重校长之谆诿而言之，亦庶其可。念诸生于肄业时，其熟闻校长暨各院院长、各系教授诸先生之训迪详矣，仆之言，又岂能有所增益？无已，则请诵古训以献。

夫今之所谓知识分子，古之所谓士也。今大学毕业，人目之为知识分子，论其资，可以服务于社会矣。事其事之谓服务。士者，事也，即能为社会服务之称。然则诸生既卒所业，可以当古之士矣。经籍中凡言士行者，不可胜举，其最约而要者，莫如《大戴礼·哀公问五义篇》。哀公问曰："何如斯可谓士矣？"孔子对曰："所谓士者，虽不能尽道术，必有所由焉；虽不能尽善尽美，必有所处焉。是故知不务多而务审其所知，行不务多而务审其所由，言不务多而务审其所谓。知既知之，行既由之，言既顺之，若性命肌肤之不可易也。富贵不足以益，贫贱不足以损。若此，则可谓士矣。"

夫道术甚广，学问之事无穷，诸生今日之所知，勿谓其已尽也。今所见为美善者，稍进焉，则知其尤有至者，勿遽谓止于此也。虽然，诸生学业之所就，是其所知也，其将求自效而见诸用也，将言之必可行焉，行之必可言焉。不务多而务审，则其知也察，其为言行也必谨而有度。择之精而守之笃，乃有以自足乎己而弗迁，故曰"若性命肌肤之不可易也"。如是则富贵贫贱不足以挠其志，推而至于夷狄患难，皆有以自处而不失其所守，由是而进于道术，以益臻乎美善之域不难矣。所贵乎士者，不惟用而后见其所学，虽曰弗用，其学之足以自立者，弗可夺也。故曰："不患无位，患所以立。”“不患人之不己知。”“求为可知也。”

今毕业于国之大学者众矣，国家方当危难之时，其需材也亦亟矣，诸生思求服务之志亦勤矣。诸生但求无负其所学而不期于必用，斯其在己者重而在人者轻，无失志之患而有进德之益，在艰苦蹇难之中养成刚大弘毅之质，其必有济矣。此今日凡为士者所当勉也。

幸与诸生有一日之雅，甚愧无以益之，举斯言以为赠，言虽约，其爱诸生之心则无已也。

对毕业诸生演词

诸君学业终了，便是事业开始。将来行其所学，对于国家社会能尽其在己之责任，这是学校全体师友所期望的。某以校长之属，使向诸君贡献一言，以相勉励，写得一篇小文奉赠，不用赘言。如诸君不以老生常谈为厌，其间所引《大戴礼》孔子之言“知不务多，而务审其所知；行不务多，而务审其所由；言不务多，而务审其所谓”，这三句话的意义，今略为申说，或者于诸君不是无益的。

国家生命所系，实系于文化，而文化根本则在思想。从闻见得来的是知识，由自己体究，能将各种知识融会贯通，成立一个体系，名为思想。孔子所谓知，即是指此思想体系而言。人生的内部是思想，其发现于外的便是言行。故孔子先说知，后说言行。知是体，言行是用也。依今时语便云思想、行为、言论，思想之涵养愈深厚、愈充实，斯其表现出来的行为言论愈光大，不是空虚贫乏。今时国人皆感觉物质之贫乏而思求进，至于思想之贫乏须求其充实，似乎尚少注意。关于此点，今略为分疏。孔子说“不务多而务审”者，多是指杂乱而无统系，审则辨别分明之称。所知是思想主要点，所由是行为所从出的动几，所谓是言论之意义。此本通三世说，今为易于明了，故不妨以三世分说之。吾人对于过去事实，贵在记忆、判断，是纯属于知；对于现在，不仅判断，却要据自己判断去实行，故属于行的多；对于未来所负责任较重，乃是本于自己所知所行，以为后来作先导，是属于言的较多。故学者须具有三种力量：

一、认识过去。历史之演变，只是心理之表现。因为万事皆根于心，其动几往往始于一二人，其后遂成为风俗，换言之，即成为社会一般意识。故一人之谬误，可以造成举世之谬误。反之，一人思想正确，亦可影响到群众思想，使皆归于正确。吾人观察过去之事实，显然是如此，所以要“审其所知”，就是思想要正确，不可陷于谬误。

二、判别现在。勿重视现实。近来有一种流行语，名为现实主义，其实即是乡原之典型。乡原之人生哲学曰：“生斯世也，为斯世也，善斯可矣。”他只是人云亦云，于现在事实盲目的予以承认，更不加以辨别。此种人是无思想的，其唯一心理就是崇拜势力。势力高于一切，遂使正义公理无复存在，于是言正义公理者便成为理想主义。若人类良知未泯，正义公理终不可亡。不为何等势力所屈服，则必自不承认现实主义而努力于理想主义始。因现实主义即是势力主义，而理想主义乃理性主义也。所以要“审其所由”，就是行为要从理性出发，判断是非不稍假借，不依违两可，方有刚明气分，不堕柔暗。宁可被人目为理想主义，不可一味承认现实，为势力所屈。尤其是在现时，吾国家民族方在被侵略中，彼侵略国者正是一种现实势力。须知势力是一时的、有尽的，正义公理是永久的，是必申的。吾人在此时，尤须具此坚强之信念，以为行为之标准，这是“审其所由”。

三、创造未来。凡自然界、人事界一切现象，皆不能外于因果律，决无无因而至之事。现在事实是果，其所以致此者必有由来，非一朝一夕之故，这便是因。因有远有近，近因在十年、二十年前，远因或在一、二百年以上。由于过去之因，所以成现在之果；现在为因，未来亦必有果。吾人于现实社会如已认为满意，则无复可言；如或感觉其尚有不善或不美，必须发愿创造一较善较美之未来社会，这不是空想，是实理。未来之果如何，即系于现在吾人所造之因如何，因果是决不相违的。此种思想表现出来的，就是言论，所以要“审其所谓”。《易传》曰“辞也者，各指其所之”，就是“审其所谓”之意，所之即是所向往的。吾人今日言论，皆可影响未来，故必须选择精当，不可轻易出之，因其对于未来所负之责是最重的，这是“审其所谓”。

诸君明此三义，便知认识过去，要“审其所知”；判别现在，要“审其所由”；创造未来，要“审其所谓”。具此三种能力，方可负起复兴民族之责任。《易》曰“唯深也，故能通天下之志”，是审其知之至也；“唯几也，故能成天下之务”，是审其行之至也。诸生勉之，如此，不独为一国之善士，可以为领导民众之君子矣。

宜山会语

说忠信笃敬

前在泰和得与诸君共讲论者数月，不谓流离转徙，今日尚得到此边地重复相聚，心里觉得是悲喜交集。所悲者，吾国家民族被夷狄侵陵到此地步，吾侪身受痛苦，心怵危亡，当思匹夫有责，将何以振此垂绝之绪，成此恢复之业，拯此不拔之苦，今实未能焉，能不悲？所喜者，虽同在颠沛之中，尚复有此缘会，从容讲论，得与诸君互相切磋，不可谓非幸。诸君感想谅亦同之。校长暨教授诸先生不以某为迂阔，仍于学校科目之外，约某继续自由讲论。此虽有似教外别传，却是诸法实相，圣贤血脉，人心根本。诸君勿仅目为古代传统思想，嫌其不合时代潮流。先须祛此成见，方有讨论处。

某向来所讲，谓一切学术皆统于六艺。六艺之本，即是吾人自心所具之义理。义理虽为人心所同具，不致思则不能得，故曰学原于思。要引入思惟，先须辨析名相。故先述六艺大旨，其后略说义理名相，欲指出一条路径，以为诸君致思穷理之助。但因时间有限，所讲至为简略，不能详尽。若能切己体究，或不无可以助发之处。否则只当一场话说，实无所益也。

大凡学术有个根原，得其根原才可以得其条理，得其条理才可以得其统类。然后原始要终，举本该末，以一御万，观其会通，明其宗极，昭然不惑，秩然不乱，六通四辟，小大精粗，其运无乎不备。孔子曰："吾道一以贯之。"《大学》所谓知本、知至，便是这个道理。知本是知其所从出，知至是知其所终极。华严家所谓"无不从此法界流，无不还归此法界"，与此同旨。所以说天下万事万物，不能外于六艺，六艺之道，不能外于自心。黄梨洲有一句话说得最好，曰："盈天地间皆心也。"由吾之说，亦可曰："盈天地间皆六艺也。"

今日学子只知求知，以物为外，其结果为徇物忘己。圣贤之学乃以求道会物归己，其结果为成己成物。一则向外驰求，往而不反；一则归其有极，言不离宗。此实天地悬隔。学者要养成判断力，非从根原上入手不可。初机于此理辏泊不上，只为平日未尝治经。其有知治经者，又只为客观的考据之学，方法错误，不知反求自心之义理，终无入头处。吾今所言虽简，却是自己体验出来，决不相诳。望诸君著实体究，必有省发之时。一念回机，便同本得，方知此是诚谛之言，方不辜负自己，不辜负先圣，此是夷狄所不能侵，患难所不能入的。天地一日不毁，此心一日不亡，六艺之道亦一日不绝。人类如欲拔出黑暗而趋光明之途，舍此无由也。

某尝谓读书而不穷理，只是增长习气；察识而不涵养，只是用智自私。凡人心攀缘驰逐，意念纷飞，必至昏昧。以昏昧之心应事接物，动成差忒。守一曲之知，逞人我之见，其见于行事者，只是从习气私欲出来。若心能入理，便有主宰。义理为主，此心常存，无有放失，气即安定，安定则清明。涵养于未发以前，察识于事为之际，涵养愈深醇，则察识愈精密。见得道理明明白白，胸中更无余疑，一切计较利害之私自然消失，逢缘遇境，随处皆能自主，皆有受用。然后方可以济艰危，处患难，当大任，应大变，方可名为能立。

能立才能行，学不至于能立，不足以为学。《学记》曰：古之学者，“九年知类通达，强立而不反，谓之大成”“然后足以化民易俗”，故曰“己欲立而立人，己欲达而达人”。立以体言，达以用言。体立而后用有以行，未有不能立而能行者。己立己达是立身行己，立人达人是化民成俗。先体而后用，故先立而后达。浅言之，立只是见得义理端的，站得住，把得定，不倾侧，不放倒，不为习俗所动，不为境界所移。自己无有真实见地，只是随人起倒，一味徇人，名为流俗。不能自拔于流俗者，不足与立。境界不出顺逆二种，如富贵、贫贱、夷狄、患难、毁誉、得失、忧喜、苦乐，皆能移人。以仕宦夺志，以饥渴害志者，不足与立。程子曰：“教学者如扶醉人，扶得东来西又倒。”此言最善形容不能立之病。到此田地，方可以言致用。“举而措之天下之民”，谓之事业，不是知识技能边事可以当得的。如今一般为学方法，只知向外求事物上之知识，不知向内求自心之义理。不能明体，焉能达用？侈谈立国而罔顾立身，不知天下国家之本在身，身尚不能立，安能立国？今谓欲言立国，先须立身；欲言致用，先须明体。体者何？自心本具之义理是也。义理何由明？求之六艺乃可明。六艺之道不是空言，须求实践。实践如何做起？要学者知道自己求端致力之方，只能将圣人吃紧为人处尽力拈提出来，使合下便可用力。

今举《论语》“子张问行”一章，示一最切近之例。

子张问行，子曰：“言忠信，行笃敬，虽蛮貊之邦，行矣；言不忠信，行不笃敬，虽州里，行乎哉？立则见其参于前也，在舆则见其倚于衡也，夫然后行。”子张书诸绅。

子张问行与问达一般，是无往不宜之意，犹今言适应环境也。蛮貊是异俗，无礼义，难与为缘，而默化足以消其犷戾。州里是近习，情本易合，而失道亦足以致其乖离。故“中孚”则“信及豚鱼”，豚鱼比蛮貊尤远。不仁则道不行于妻子。妻子比州里尤近。行有不得，反求诸己，乃为君子之道。学者当知子张问的是行，而孔子告之以立。换言之，即是子张问的是用处施设，孔子答以体上功夫。子张病在务外为人，孔子教他向里求己。有人问程子“如何是所过者化”，程子曰：“汝且理会所存者神。”此与孔子答子张同旨。

如今欲问如何立国致用，则告之曰：汝且立身行己。立身行己之道，即从“言忠信，行笃敬”做起。言行是日用不离的，忠信笃敬是功夫，亦即是本体。忠是恳切深挚，信是真实不欺，笃是厚重不轻忽，敬是收敛不放肆。《易》象曰：“风自火出，家人，君子以言有物而行有恒。”火炽则风生。“风自火出”，自内而外之象。“言出乎身，加乎民；行发乎迩，及乎远”，自内而外也。有物谓充实不虚，有恒谓法则有常。义理是心之存主处，言行是用之发动处，亦自内而外也。所存者是忠信，发出来为忠信之言；所存者是笃敬，发出来为笃敬之行。诚中形外，体用不违。圣人之言该本末，尽内外，彻上彻下只是一贯。世亦有矫饰其言行貌为忠信笃敬者，只是无物无恒，可以欺众人，不可以欺君子。此诚伪之辨。言不忠信，便是无物。行不笃敬，便是无恒。圣人以天下为一家，中国为一人，《家人》之象也。始于立国，终于化成，天下须从一身之言行做起。这便是立身行己最切要的功夫，人人合下可以用力。从自己心体上将义理显发出来，除去病痛，才可以为立身之根本；知道立身，才可以为立国之根本。一切学术以此为基，六艺之道即从此入。

释学问（先释学问之义，后明问答之旨）

人人皆习言学问，却少有于此二字之义加以明晰之解说者。如见人读书多、见闻广，或有才辩、能文辞，便谓之有学问。古人所谓学问，似乎不是如此。此可说是有知识、有才能，若言学问，却别有事在。知识是从闻见得来的，不能无所遗；才能是从气质生就的，不能无所偏。今所谓专家属前一类，所谓天才属后一类。学问却要自心体验而后得，不专恃闻见；要变化气质而后成，不偏重才能。知识、才能是学问之资藉，不即是学问之成就。唯尽知可至于盛德，乃是得之于己；尽能可以为大业，亦必有赖于修。如此，故学问之事起焉。是知学问乃所以尽知尽能之事，而非多知多能之谓也。

学问二字，今浑言不别，实际上学是学，问是问，虽一理而有二事。浅言之，学是自学，问是问人。自学是要自己证悟，如饮食之于饥饱，衣服之于寒暖，全凭自觉，他人替代不得。《学记》曰“虽有嘉肴，弗食，不知其旨也。虽有至道，弗学，不知其美也”，佛氏亦有“说食不饱，数宝不富”之喻，最善。问人即是就人抉择，如迷者问路，病者求医，须是遇善知识，不然亦有差了路头、误服毒药之害。古语曰："一盲引众盲，相牵入火坑。"又曰："一句合头语，万劫系驴橛。"皆指师家不明之误，所谓自救不了，为人即祸生也。禅师家接人每以言句勘辨，故有宾主料简。不惟师择弟子，弟子亦要择师。若学者不具参方眼，师家不辨来机，互相钝置，名为一群瞎汉相趁。儒家问答、接人手眼实与禅师家不别，会者自知，但先儒不显说耳。故必先学而后问。善问者必善学，善学者必善问。师资道合，乃可相得益彰。

孔子自居好学，又独称颜回为好学。"舜好问而好察迩言"，所以为"大智"。由此言之，好学好问皆为圣贤之事，未可轻易许人。圣贤是果位人，犹示居学地，示有下问，"有若无，实若虚"。何况学者在因地，若得少为足，便不肯用力，今人于记诵考据之学非不用力，但义理则非所尚，此其蔽也。安其所习，而耻于问人，今人于政治问题、社会问题未尝不研究，未尝不问人，但于自己心性则置而不谈，未尝致问，此由耽于习而忽于性，故以为不足问也。何由得有成就？今日学者为学方法，可以为专家，不可以成通儒。此所言成就，乃欲个个使成圣贤。古人论学主通，今人论学贵别。若问：学是学个甚么？答曰：伊川尝试颜子所好何学论，便是解答此问题。须知古无科学、哲学之称，亦无经学、史学之目。近世以汉、宋分途，朱、陆异撰，用朝代姓氏为别，皆一孔之见。濂、洛、关、闽只是地名，考据、词章同为工具。八儒三墨各自名家，入室操戈互相胜绌，此庄生所谓"道术将为天下裂"也。学只是学，无假头上安头，必不得已，强名义理之学，如今立科、哲，各从所好，权示区分，犹胜以时代地域为号。《论语》四科有文学，《宋史》列传出"道学"，文则六艺之遗，道为义理所寄，实即学文、学道之倒言耳。孔子问礼于老聃，问乐于苌弘，"入太庙，每事问。""夫子焉不学？而亦何常师之有？""三人行，必有我师焉。择其善者而从之，其不善者而改之。"此其所学所问，亦不可加以名目，故谓"大哉孔子，博学而无所成名"。知此则知今之所谓专家者，得之于别而不免失之于通，殆未足以尽学问之能事。虽然，分河饮水，不无封执之私，互入交参，乃见道体之妙。既知统类，则不害差分，致曲通方，各就其列，随顺世间，语言亦复何碍？故百家众说，不妨各有科题，但当观其会通，不可是丹非素，执此议彼。苟能舍短取长，何莫非道？万派朝宗，同归海若，容光必照，所以贞明。小智、自私，乃存畛域，自智者观之，等同一味，岂有以异乎哉？

今略说因地学问之道。《易·文言》曰："君子学以聚之，问以辨之，宽以居之，仁以行之。"学要进德修业，积累而成，故曰聚；问则解蔽去惑，言下洞然，故曰辨。"宽以居之"谓体无不备，"仁以行之"谓用无不周。《中庸》曰："博学之，审问之，慎思之，明辨之，笃行之。"上四明体属知，下一达用属行，知行合一，体用不离，与《易·文言》同旨。释氏以闻、思、修为三学，亦同《中庸》。闻该学问，思约思辨，修即笃行也。思辨即学问之事，学而不思则无得，问而不辨则不明，故学问必要思辨。知是知此，行是行此，即此体，即此用。故《论语》只以思、学并言，佛氏开为三，闻、思、修。《中庸》开为五。学、问、思、辨、行。约而言之，则但曰学。言有广略，事惟一贯。

子夏曰："博学而笃志，切问而近思，仁在其中矣。"博学而不笃志，犹之未学；切问而不近思，犹之未问。学欲其博，是要规模阔大，非谓泛滥驳杂也；问欲其切，是要体会亲切，非谓腾口说、骋机锋也。志欲笃，笃谓安止而不迁；思欲近，近谓不远而可复。优柔餍饫，若江海之浸，膏泽之润，学之力也；涣然冰释，怡然理顺，问之效也。故学必资于问，不学则不能问。《学记》曰："幼者听而弗问，学不躐等也。"非不许问，谓不可躐等而问也。又曰："力不能，问，然后告之，告之而不知，虽舍之可也。"此谓不思之过。孔子曰："不愤不启，不悱不发。"朱注："愤者，心求通而未得之意；悱者，口欲言而未能之貌。""举一隅不以三隅反，则不复也。"愤、悱是能思，举一反三是善悟。不能如是，圣人之所不教。上根如颜子，闻一知十；其次如子夏，告往知来；子贡闻一知二；樊迟、司马牛最下，闻而不喻。如樊迟问仁、问智，不达。再告以举直错枉，犹不达，乃退而问子夏。司马牛问仁、问君子，皆以为未足。此皆在不复之列。《论语》多记孔门问答之词，实为后世语录之祖。

孟子曰："君子之所以教者五。有如时雨化之者，有成德者，有达材者，有答问者，有私淑艾者。"除第五类外，前三亦假问答。但孟子之意似以答问为接下机，其实问虽有高下，答则因才而施，其道是一。《学记》曰："善问者如攻坚木，先其易者，后其节目，及其久也，相说以解；不善问者反此。善待问者如撞钟，叩之以小者则小鸣，叩之以大者则大鸣，待其从容，然后尽其声；不善答问者反此。"此是问答之轨范。

学以穷理，问以决疑。问前须学，问后要思。故学问之道以致思为最要，思则得之，不思则不得也。学者观于此，亦可以明问答之旨矣。吕与叔曰："古者宪老而不乞言，仪刑其德，无所事于问也。其次则有问有答，然犹'不愤不启，不悱不发'。又其次则有讲有听，讲者不待问也，听者不致问也，如此则师虽勤而道益轻，学者之功益不进。又其次则有讲而未必听。至于有讲而未必听，则无讲可矣。"今于讲论之外，开此问答一门，乃欲曲顺来机，加以接引，观其资质所近，察其习气所偏，视其志趣所向，就其解会所及，纳约自牖，启其本心之明，应病与药，救其歧路之失。随感而应，其用无方，祭海先河，庶几知本。至于发问，当有范围，虽无倦于相酬，亦致诚于陵节。诸生平日所治科目，各有本师，无劳诹及。但关于身心义理，欲知求端致力之方，或已知用力而未得其要者，不惜详为之说。诸所不答，条列如下：

一、问单辞碎义无关宏旨者不答。

一、问僻书杂学无益身心者不答。

一、问时政得失不答。

一、问时人臧否不答。

一、辞气不逊不答。

一、越次而问不答。

一、数数更端不答。

一、退而不思再问不答。

颜子所好何学论释义

文在《伊川文集》卷四“杂著门”。《伊洛渊源录》卷四《伊川先生年谱》云：“皇祐二年，（先生）年十八。上书阙下。”“不报。闲游太学。时海陵胡翼之先生方主教导，尝以‘颜子所好何学’论试诸生。得先生文，大惊异之，即延见，处以学职。”《文集》题下注则云：“始冠，游太学。”据《年谱》叙此事在上书不报后，似即是皇祐二年事，先生年十八时所作也。《二程文集》及《伊洛渊源录》并朱子所编。

按《周子通书》云：“伊尹、颜渊，大贤也。伊尹耻其君不为尧、舜，一夫不得其所，‘若挞于市’。颜渊‘不迁怒，不贰过’‘三月不违仁’。志伊尹之所志，学颜子之所学，过则圣，及则贤。”胡安定之命题，虽本《论语》，疑《通书》“学颜子之所学”一语，已为当时士人所习闻，故特拈此语发问，以觇学者之见地。

伊川此文大科分三：一标宗趣。示学以至圣人之道。二显正学。明学圣之功。三简俗见。辨俗学之失。

初标宗趣

圣人之学为宗，可学而至是趣。

圣人之门，其徒三千，独称颜子为好学。出题。夫《诗》《书》六艺，三千子非不习而通也，然则颜子所独好者何学也？第一设问。学以至圣人之道也。置答，揭明宗趣。圣人可学而至欤？第二设问。曰：然。置答，示决定可学。

二显正学

学之道如何？将显正学，故再设问。曰：以下置答先原人。天地储精，得五行之秀者为人。《礼运》曰：人者，“五行之秀气，天地之心也”。《太极图说》曰：“无极之真，二五之精，妙合而凝。”《易》曰：“精气为物。”精谓气之凝聚也。气有偏全、通塞、昏明、清浊之异，人物皆禀是气以为形质而后有生。朱子曰：“气以成形而理亦寓焉。”《正蒙》曰“气聚则生，气散则死。知死而不亡者，可与言性矣。”此推原人生之由来。上句该万物言，下句言于中人为最胜也。以下先举性德。其本也，真而静。其未发也，五性具焉，曰仁、义、礼、智、信。本谓心之本体，即理也。无妄曰真，本寂曰静。《乐记》曰：“人生而静，天之性也。”一理浑然，常恒不变，其体本寂，故曰“真而静”。未发谓“冲漠无朕”，五性即性中所具之五德。德相有五，实唯一性，人人同具，无有增减。以下简情失。

形既生矣，外物触其形而动于中矣。其中动而七情出焉，曰喜怒哀惧爱恶欲。情既炽而益荡，其性凿矣。形谓耳、目、口、体，气聚所生。佛氏谓之五根：眼、耳、鼻、舌、身。外物谓五尘外境：色、声、香、味、触。根、境本不相到，识动于中，斯谓意根，妄生取著，遂有法尘，起一切分别。于是六识炽然，流荡不守，违其真静之本体，遂障性具之德相，而性凿矣。凿犹言戕贼也。此段文，与《乐记》《太极图说》相应，但广略不同，比类可知。《乐记》曰："感于物而动，性之欲也。物至知至，而后好恶形焉。好恶无节于内，知诱于外，不能反躬，天理灭矣。"《太极图说》曰："形既生矣，神发知矣。五性感动而善恶分，万事出矣。"儒家谓情，佛氏谓识，在《乐记》曰"欲"曰"知"，《太极图说》只言"知"。此"知"谓徇物之知，故曰"诱于外"。意存有取，故名为"欲"。广则有七，约惟好恶，得正则善，失正则恶，故周子分善恶言之。以情识之动不即是恶，唯炽而流荡无节乃成为恶。理本无灭，隐，故有似于灭也。性不可凿，背，故比之于凿也。孟子曰："所恶于智者，为其凿也。"物之凿者，形必变异，失其本然之相，故谓之凿。以上分释性情。向下乃以觉、愚二门明其得失。初明觉。

是故觉者约其情使合于中，正其心，养其性，故曰性其情。觉是本心之明发现处，《起信论》谓之始觉。约犹收也，如收放心之收。中者，无过、不及之名。约之使反，不任一往徇外，则喜怒哀乐之发不至流荡，念念相应，名之为合。正谓无所偏倚，养谓常存护念。心统性情，约其情，则心一于理，故正。物从心为正，心逐物为邪。换言之，即心不为物役而理为主也。心正则气顺，故性得其养。曰"性其情"者，情皆顺性，则摄用归体，全体起用，全情是性，全气是理矣。二简愚。愚者则不知制之，纵其情而至于邪僻，梏其性而亡之，故曰情其性。愚者，不觉也，迷惑之称。不知制约而纵放其情，一向驰逐，所谓从欲也。《书》曰："从欲惟危。"佛氏谓之"随顺无明"。心既逐物，贪著寻求，必陷邪僻。性失其养，几于梏亡，如人身被桎梏，不能运动，便同死人。性不可亡，今言亡者，谓其等于亡也。曰"情其性"者，性既随情，则全真起妄，举体成迷，唯是以气用事，而天理有所不行矣。既知觉、愚二门分别，方知学之所以为学当为何事。故以下正明学之道。

凡学之道，正其心，养其性而已。此是举因。中正而诚，则圣矣。此是明果。中、正义见前。诚则法法全真，圣谓事事无碍。此自诚明之事。君子之学，必先明诸心，知所养，一作往。然后力行以求至，所谓自明而诚也。此自明诚之事。明诸心即觉也。“养”作“往”义长。“知所往”是始觉，“力行以求至”，至即本觉。始本不二，则诚矣。故学必尽其心。尽其心则知其性，知其性，反而诚之，圣人也。故《洪范》曰：“思曰睿，睿作圣。”孟子曰：“尽其心者，知其性也。知性则知天矣。”又曰：“万物皆备于我矣。反身而诚，乐莫大焉。”程子之言本此。此明学原于思，尽心即致思也。心之官主思。“思曰睿”，思通玄微谓之睿，知性即睿。“睿作圣”，知天即圣。引《洪范》以证明尽心为作圣之功。反者，回机就己之称。“一日克己复礼，天下归仁”“为仁由己，而由人乎哉”，皆指令反求诸己。颜子“既竭吾才”，即尽心致思之谓也。诚者，实理也。天地之所以不息，万物之所以生成，皆此实理之流行也。全此实理则为圣人，昧此实理则为凡民。故《通书》曰：“诚者，圣人之本。”又曰：“圣，诚而已矣。”诚者，天道；思诚者，人道。此段正明圣学宗要，以下明诚之之道。

诚之之道，在乎信道笃。信道笃则行之果，行之果则守之固，仁义忠信不离乎心，“造次必于是，颠沛必于是”，出处语默必于是。久而弗失，则居之安，动容周旋中礼，而邪僻之心无自生矣。此理实有诸己诚之也，今语谓之充实人生，亦近是。其事有信、行、守三种次第。见得端的则信笃，信笃则决定不疑，迁善改过，如恐不及，斯行之，未有不果也。笃是知之真切，果是行之勇决，知行合一，日用之间践履益密，斯持守之固确乎不移矣。“仁义忠信不离乎心”，实有诸己也；造次、颠沛、出处、语默必于是，不为外境所夺也，此诚之之功夫也。“久而弗失”以下，诚之之效验也。以上大段文字显圣学宗要在于思诚，向下乃举颜子所学以证之。

故颜子所事，则曰“非礼勿视，非礼勿听，非礼勿言，非礼勿动”。此引颜子所学以为举证也。四勿是《论语》“颜子问仁”章语。学者当知孔子答以“克己复礼为仁”，颜子便直下不疑；请问其目，再答以四勿，他便道“回虽不敏，请事斯语矣”。此乃直下承当，全身担荷，看似平淡无奇，实则成就不是小小。此见颜子之学即是以此为事，这里却要分疏得清楚，方有领会处。第一须知“仁”是甚么。仁是德之总相，全体是性，不尽心者不能知性，即不能识仁。颜子已是识得仁了，然后问之。第二须知“己”是甚么。己是形气之私，即谓意根，亦名我见。此见不除，人我间隔，睽而不通，一念不觉，便堕不仁。第三须知“礼”是甚么。礼者，理也，乃仁中之有分理者。玉工治玉，必依其理；君子为仁，必顺其礼。因有分理，故有节文，分理具内，节文形外。己私掩之，则理隐而不现，一旦廓落，此理自显，名之为复。“克己”之“己”是指私己，“由己”之“己”是言本具，文同而义别也。颜子问的是仁，孔子答以复礼。因为仁体浑然，难以显说，故举出其中所具自然之法则言之，是之谓礼。此礼既复，当体即仁，乃是以礼显仁也，非谓笾豆之事，器数之末也。颜子言下洞然，故直问其目，乃在视听言动不离当处，无假他求，何等简易直截！《论语》中许多问答，无过此章，真乃传心法要。第四须知视听言动是甚么。视听言动皆气也，四者一于礼，则全气是理，更无差忒。一有非礼，则全真起妄，便是不仁。人于日用之间须臾不离者，只此四事。为仁依仁，全系于此；违仁害仁，亦出于此。转愚为觉，背觉成迷，只此一关，别无他事。争奈不肯体会，一任奔驰，舍近求远，迷己逐物，庄子所谓“弱丧忘归”，佛氏喻为背父逃逝。试观颜子之所事为何，亦可以知反矣。急须着眼，不得放过。以下更引孔子称道颜子之言以为举证。

仲尼称之曰：“得一善，则拳拳服膺而弗失之矣。”前谓行之果，此谓守之固。善即性德之美称，亦即仁体之殊号，在人在己一也。“乐取于人以为善”“人之彦圣，其心好之”。得于人者，人有善言善行，不啻若自己出，拳拳弗失，斯能有之于己。一端之善，犹不可遗，乃所谓善学矣。又曰：“不迁怒，不贰过。”“有不善未尝不知，知之未尝复行也。”上二句“哀公问弟子孰为好学”本章文，下二句《易·系辞传》说复卦初九爻义引颜子为证之文。人情易发而难制者是怒，举怒以该七情也。《易·损》卦大象曰：“君子以惩忿窒欲。”上言“约其情”，损之道也。好恶、爱憎，流荡所极，则为忿、欲，忿则斗争，欲斯夺取，害仁悖理，皆由此生。然惩忿尤难于窒欲，故圣贤之学先在治怒。圣贤非是无怒，怒当于理，发而中节。其怒也在物不在己，如明镜照物，妍媸在彼，故能不迁。明道先生《答张横渠书》云：“圣人之喜，以物之当喜；圣人之怒，以物之当怒。是圣人之喜怒，不系于心而系于物也。”故圣人喜怒是情之正，常人喜怒是情之私。《易·益》卦大象曰：“君子以见善则迁，有过则改。”上言“合于中，正其心”，益之道也。引《系辞》申明“不贰过”之旨，须着眼在“知”字。《系辞》曰：“知几其神乎？”“几者动之微，吉之先见者也。”“君子知微知彰，知柔知刚，万夫之望。”又曰：“颜氏之子，其殆庶几乎！有不善未尝不知，知之未尝复行也。《易》曰‘不远复，无只悔，元吉。’”常人有过不能改者，只缘不知。不知者，不知善也；不知善，故不知不善。知善即知性也，“性其情”是善，“情其性”是不善。乐循理，安处善，率性之谓也。率性无有不善，惟随情乃有不善。所谓过者，情之过也。情若无过，即是“合于中”，情亦无有不善矣。故孟子曰：“乃若其情，则可以为善矣，乃所谓善也。”颜子唯于此知之切，故能“不贰过”。程子曰：“颜子地位岂有不善？所谓不善，只是微有差失，才有差失，便知之，才知之，便更不萌作。”“微有差失”者，即所谓“几者，动之微也”。功夫到此，直是细密，故曰“其殆庶几乎”两句，即是损、益二卦义。故曰：“损，德之修也；益，德之裕也。”颜子学圣之功，本领在此。以下结。

此其好之笃，学之之道也。结前文，可知学之之道，即诚之之道也。二程学于周茂叔，每教寻孔、颜乐处，所乐何事。孔子自称“乐以忘忧”，称颜子“不改其乐”。“所乐何事”与“所好何学”语脉正同。最好引而不发，教学者致思。今已被伊川注破，不免彻底掀翻，更加狼藉一上。好是好乐，好乐即乐也。《乐记》曰：“乐者，乐也。君子乐得其道，小人乐得其欲。以道制欲则乐而不乱，以欲忘道则惑而不乐。是故君子反情以和其志，广乐以成其教。”学者试以伊川此文与《乐记》对勘，便知“好”字不是虚言，实有着落。向下乃辨圣、贤不同处。

视听言动皆礼矣，所异于圣人者，盖圣人则不思而得，不勉而中，从容中道。颜子则必思而后得，必勉而后中。故曰：颜子之与圣人相去一息。此谓圣人不假思勉，而颜子则犹须思勉，然其得中一也。一息，犹云一间。息是气息，以时间言；间是间隙，以空间言。谓颜子与圣人只争这一些子耳。《系辞传》曰：“《易》无思也，无为也，天下何思何虑？天下同归而殊涂，一致而百虑，天下何思何虑？”伊川尝问谢上蔡：“近日见得道理如何？”对曰：“天下何思何虑？”伊川曰：“不道贤道得不是，只是发得太早。”故无思无为是果位上事，好学致思是因地上事。颜子虽位齐等觉，已与圣邻，犹须思勉。未到颜子地位，不致思，岂能有得；不力行，岂能有中。思属知，勉属行，不思则不勉；知行是一事，知是知其所当行，行是行其所已知，故思先于勉。及其得于理而无失，中于理而无过，乃充实矣。此段牒前“思曰睿”，向下乃牒前“诚之”。

孟子曰：“充实而有光辉之谓大，大而化之之谓圣，圣而不可知之谓神。”颜子之德，可谓充实而有光辉矣，所未至者，守之也，非化之也。以其好学之心，假之以年，则不日而化矣。故仲尼曰：“不幸短命死矣。”盖伤其不得至于圣人也。此明颜子学已臻极，但未至于化耳。孟子曰：“有诸己之谓信，充实之谓美，充实而有光辉之谓大，大而化之之谓圣。”信、美、大皆“诚之”之效也。和顺积中而英华发外，美在其中而畅于四支，其德业已至盛大矣。所差者，未能泯然无迹耳，化则泯然无迹矣。横渠曰："大可为也，化不可为也。在熟之而已矣。""耳顺""从心"，乃臻化境。大已是学之极诣，不可复加，过此以往，熟而能化，则圣矣。以下别释化境。

所谓化之者，入于神而自然，不思而得，不勉而中之谓也。孔子曰"七十而从心所欲，不逾矩"是也。显正学文竟。

三简俗见

或曰：圣人生而知之者也。今谓可学而至，其有稽乎？设问，疑其无征。曰：然。孟子曰："尧、舜，性之也；汤、武，反之也。"性之者，生而知之者也；反之者，学而知之者也。置答，引孟子之言以证成前义。又曰：孔子则生而知也，孟子则学而知也。再答，以足成前证。实则生知之圣亦假于学，无顿非渐，无渐非顿。生知是顿，学知是渐。生知而学，于顿示渐，学知至圣，即渐成顿。及其知之，顿、渐一也。以下正简俗见之失。先简见失。

后人不达，以谓圣本生知，非学可至，再简学失。而为学之道遂失。不求诸己而求诸外，以博闻强记、巧文丽辞为工，荣华其言，鲜有至于道者。"不求诸己而求诸外"，是不思也。"荣华其言"，谓其无实，是不诚也。则今之学，与颜子所好异矣。结前，可知全文已竟。

学者解此文，已应有感发，特提出数事，请大众着眼。

一、当念伊川年未二十已明圣学如此，今我何以不及？

一、当念学之正、俗，自伊川言之，分明不同如此，今我所学应属何等？

一、当念颜子用力处，具如显正学中"颜子所事"一段文中，今我所事为何，能与颜子有一事相似否？

一、当念性德人所同具，情失人所难免，今我自己检讨，为觉乎？为愚乎？如不肯自安于不觉，则当依此用力。

一、当念视听言动实乃人人日用不离的，为仁之目原来在此，但未能“克己复礼”，便是未有把柄，可知吃紧处乃在“克己”，今欲克己，从何做起？

一、当念此文所说道理，我今一一信得及否？如信得及，当下便能依而行之否？总之，信得及者，自己当知道用力，不烦一一更举；倘若信不及，万事冰消，禅师家有言“老僧今日失利”。

说视听言动（续义理名相一）

前举颜子问仁，孔子告以“克己复礼为仁”，及请问其目，便告以非礼勿视、听、言、动，别无余事。可见视听言动皆礼，即是仁，不须更觅一个仁。因为仁是性德之全，礼即其中之分理。此理行乎气中，无乎不在，人秉是气而能视听言动，亦即秉是理以为视听言动之则。循此理即是仁，违此理即是不仁。《诗》曰：“天生烝民，有物有则，民之秉彝，好是懿德。”礼也者，理也，则也。所以有此礼者，仁也；具此德者，性也。性德之所寓者，气也，即此视听言动四者是也。穷理即是尽性之事，尽性即是践形之事。孟子曰：“形色，天性也。唯圣人而后可以践形。”何谓形色？气之凝成者为形，其变现为色。此犹佛氏所谓法相也，根、身、器、界是形，生、灭、成、坏诸相是色。佛氏以质碍为色，乃当此所谓形。此言色者，乃当彼所谓相，非色心二法之色。又此言形亦当彼所谓法，广为事物之总名，约则一身之形体。又形犹今言实质，色犹今言现象。何谓天性？就其普遍言之曰天，就其恒常言之曰性。又不假人为曰天，本来自具曰性，即《诗》所谓“秉彝”也。践，朱子曰：“如践言之践。”俗言步步踏着之意。心外无法，故言形色天性，会相归性，故言践形。换言之，即是于气中见得理，于变易中见得不易，于现象中见得本体。步步踏着这个道理而无失，谓之践。何以不曰“践性”而曰“践形”？全体起用，摄用归体，在体上只能说“尽”，在用上始能说“践”。惟尽其理而无亏，始能全其用而无歉也。视听言动，气也，形色也，用之发也；礼者，理也，天性也，体之充也。发用而不当则为非礼，违性亏体而其用不全；发用而当则为礼，顺性合体而其用始备。故谓视听言动皆礼，为践形之事也。以理率气，则此四者皆天理之流行，莫非仁也；徇物忘理，则此四者皆私欲之冲动，而为不仁矣。

《洪范》五事曰视、听、言、貌、思。今言视听言动而不及“思”，何也？心之官主思，四事皆统于一心，故思贯四事。知其礼与非礼孰为之乎？思也。故略思而言四事，思在其中矣。或言动，或言行，或言貌，何也？发于心则谓之动，形于事则谓之行，见于威仪四体则谓之貌。行、动浑言不别，析言则别。群经多言、行对举，言行即言动也，在《易》亦谓之云为。“貌”则以行动之现于外者言之，故举貌可以该行动，行动必有貌也。犹今言态度。“君子有九思：视思明，听思聪，色思温，貌思恭，言思忠，事思敬，疑思问，忿思难，见得思义。”此亦因地之事，从四事开而为九，于貌之中又析为色。此谓颜色，与形色之色不同。彼是广义，此是狭义。朱子曰：“色，见于面者；貌，举身而言。”魏晋间人每称人终身不见有喜愠之色，此可谓“色思温”矣。疑、忿发于心之微，见得关于事之著，此并属行动，故言“四事”亦可以摄“九思”。曾子之告孟敬子曰：“君子所贵乎道者三。动容貌，斯远暴慢矣；暴，粗厉也；慢，放肆也。《朱子语类》曰："如狠戾固是暴，稍不温恭亦是暴；倨肆固是慢，稍或怠缓亦是慢。"正颜色，斯近信矣；信者，实也。此言持养久熟，表里如一而非色庄也。色庄者，色取仁而行违。《朱子语类》，问："'正'是著力之辞否？"曰："亦著力不得，若不到近实处，正其颜色，只是作伪而已。"出辞气，斯远鄙倍矣。"鄙是浅陋，倍是背理。曾子一生所学本领在此，亦可与四事互勘。盖辞气属言，容貌颜色亦摄视听行动，暴慢鄙倍即是非礼，信即是礼也。七十子中惟颜、曾独得其传，学者观于此，可知圣贤之道，其事甚近也。

群经中赞圣人之德者多言"聪明"。如《易》曰："古之聪明睿知，神武而不杀者夫。"《书》曰："明四目，达四聪。""亶聪明，作元后。"《中庸》曰："聪明睿智，足以有临也。"盖聪明是耳目之大用，睿智是心之大用，此犹佛氏之言四智矣。转八识成大圆镜智，转七识成平等性智，转六识成妙观察智，转五识成成所作智。其言智者，即性也；其言识者，即情也。故谓"转识成智"即是"性其情"，亦即是"克己复礼"也。聪明属成所作智，睿智可摄余三。孔子见温伯雪子而不言，曰："若夫人者，目击而道存矣。"《庄子·田子方篇》。又自称"六十而耳顺"。《中庸》曰："'鸢飞戾天，鱼跃于渊'，言其上下察也。"程子谓此是子思吃紧为人处。活泼泼地于此会得，方可于费中见隐。此理昭著，更无壅隔，乃可谓视极其明，听极其聪，而视听之理得矣。

群经中表圣人之业者，多举言行。如："言而民莫不信，行而民莫不悦。""言出乎身，加乎民；行发乎迩，及乎远。""言行者，君子之所以动天地也。""言而世为天下法，行而世为天下则。"此言行之至也。又圣人语默一致，动静一如，"尸居而龙见，渊默而雷声”，不言而信，无为而成，故有不言之教，无为之化。虽终日言，未尝言，故“言满天下无口过”；虽酬酢万变而“行其所无事”，故“行满天下无辙迹”。无言而无弗言也，无为而无弗为也。此见德化之盛，妙应之神，有非言思拟议所能及者矣。孔子尝谓：“予欲无言。”“天何言哉？四时行，百物生。”又曰：“无为而治者其舜乎？恭己正南面而已矣。夫何为哉？”故言极无言，行极无为，而后言行之理无弗得也。

学者当知人与物接，皆由视听。见色闻声，有外境现，心能揽境，境不自生。色尽声消，而见闻之理自在。常人只是逐色寻声，将谓为物，而不知离此见闻，物于何在？此见闻者从何而来？不见不闻之时复是何物？当名何等？须知有不见之见、不闻之闻，声色乃是无常，而见闻则非断灭。此是何理？人心本寂而常照，照用之发乃有变化云为，形起名兴，随感斯应，故曰：“言行者，君子之枢机。”虚而不穷，动而愈出，运之者谁邪？或默或语，或出或处，法本从缘，莫非道也。故佛种寄之尘劳，基命始于宥密，有为为应迹之谈，忘言乃得意之契，不言不动时正好领取。一言以为智，一言以为不智，吉凶悔吝生乎动，吉一而已，可不慎哉！古人喻如暗中书字，文彩已彰，飞鸟凌空，踪影不逝。此虽玄言而是实理，好学深思必能自得。

由此观之，圣人所以成就德业，学者所以尽其知能，皆不离此视听言动四事。奈“百姓日用而不知”，遂使性具之德隐而不见。孟子：“行矣而不著，习矣而不察，终身由之而不知其道者，众也。”思之！

居敬与知言（续义理名相二）

《曲礼》曰：“毋不敬，俨若思，安定辞，安民哉。”先儒尝谓“礼仪三百，威仪三千”，一言以蔽之，曰“毋不敬”。礼以敬为本。《说文》忠、敬互训，故曰：“忠信之人，可以学礼。”无时不敬，则无往而非礼。忠信存乎中，其见于容貌者必庄肃，其见于言语者必安定，如是乃可以莅众而立事，故曰“安民哉”。

仲弓问仁，子曰：“出门如见大宾，使民如承大祭。”或问程子曰：“未出门、未使民时如何？”程子曰：“此‘俨若思’时也。”仲弓宽弘简重，盖得力于居敬之功甚深，故曰：“雍也，可使南面。”如子桑伯子便失之于简。仲弓之言曰：“居敬而行简，以临其民，不亦可乎？居简而行简，无乃大简乎？”汉初除秦苛法，文帝好黄老之术，即似子桑伯子，不久而宣帝复任刑名。魏晋玄言家或任诞去礼，或清谈废务，即是居简行简之失。

此事且置。学者当知“毋不敬”实为万事根本。《虞书》赞尧之德曰：“钦明文思安安。”钦即敬也，钦而后能明，明谓理无不照。“文思”即是文理密察，谓事无不辨。舜之“察于人伦，明于庶物”，约言之，即“文思”，亦曰“浚哲文明”。“文明”二字始此。此言文者，即谓伦物也。“钦明”是照体，“文思”是妙用，体用备矣。“安安”是“行其所无事”之貌。理事双融，从容中道，自然虚融恬静，触处无碍，此圣人果德之相也。若在因地，即“毋不敬”三语所摄。盖敬则自然虚静，故能思，深思者，其容寂，故曰“俨若思”也；敬则自然和乐，故能安，气定者，其辞缓，故曰“安定辞”也。以佛氏之理言之：在果地，谓之三轮清净；在因地，谓之三业清净。三者何？身、口、意也。儒者双提言行，即该三业。

政者，正也。未有己不正而能正人者。如欲安人，先须修己，故“为政以德”即是“修己以敬”也。富哉言乎！未有三业不修而能安人者也。《系辞传》曰：“君子安其身而后动，易其心而后语，定其交而后求。君子修此三者，故全也。危以动，则民不与也；惧以语，则民不应也；无交而求，则民不与也；莫之与，则伤之者至矣。《易》曰：‘莫益之，或击之，立心勿恒，凶。’”益上九爻辞。王辅嗣注云：“虚己存诚，则众之所不迕；躁以有求，则物之所不欲也。”故兼明三业，则以敬为主；并举言行，则以言为先。《乾·文言》曰：“君子进德修业。忠信所以进德也。修辞立其诚，所以居业也。”《韩诗外传》曰：“忠易为礼，诚易为辞。”曰忠曰敬，曰诚曰信，一也。

在心为德，出口曰言，不可伪为，不容矫饰。孔子曰：“君子名之必可言也，言之必可行也。君子于其言，无所苟而已矣。”名必有实，无其实而为之名则妄也。妄言苟言，是谓不忠不信，是谓无物，是谓非礼。“言语之美，穆穆皇皇。”穆穆，敬也；皇皇，大也。无妄之谓敬，充实之谓大，斯为有德之言。若巧辞便说，虚诞浮夸，则其中之所存者可知也。故敬肆之辨，亦即是小大之辨。鹦鹉能言，不离飞鸟；猩猩能言，不离走兽。彼亦言也，效人之言而无其实。不由中出而务以悦人，何以异是?

《论语》末章曰："不知礼，无以立也。不知言，无以知人也。"故知礼而后能知言，已立而后能知人。程子曰："涵养须用敬，进学则在致知。"又曰："未有致知而不在敬者。"知言知人，致知之事也。今曰"未有知言而不在敬"者，孟子曰："我知言，我善养吾浩然之气。"孟子所谓养气，乃是居敬之极功。谢上蔡曰："浩然之气须于心得其正时识取。"又曰："浩然是无亏欠时。"此语体认得最真。故曰："其为气也，配义与道；无是，馁也。""行有不慊于心，则馁矣。"馁则气歉而小。言为心声，气之发也。"志至焉，气次焉"，故言必与气相应，气必与心相应。不得于言，勿求于心，不可。心体无亏失，斯其言无亏失；言语之病，即心志之病也。敬贯动静、该万事，何独于言？明之以存养之功，其浅深、疏密、得失、有无发于言语者，尤为近而易验，显而易知也。

《论语》中举言语之病为圣人所恶者有四种。一曰巧。如"巧言令色，鲜矣仁"，朱子曰"言致饰于外，务以悦人，则人欲肆而本心之德亡矣"，《诗》曰"巧言如簧，颜之厚矣"是也。二曰佞。如言佞者"御人以口给，屡憎于人""焉用佞""是故恶夫佞者""远佞人"是也。三曰喭。喭，粗鄙也。如曰"由也喭"，又曰"野哉，由也"，《书·无逸》曰"相小人，厥父母勤劳稼穑，厥子乃不知稼穑之艰难，乃逸乃谚，既诞，否则侮厥父母，曰‘昔之人无闻知’”，此是周公戒成王之言，盖谚斯诞、诞斯侮、侮父母、侮圣人之言一也。四曰讦。如曰“恶讦以为直者”“好直不好学，其蔽也绞”“直而无礼则绞”是也。绞，急切也。讦谓攻发人之阴私。《朱子语类》曰：“绞如绳两头绞得紧，都不宽舒。”《易·系辞》曰：“将叛者，其辞惭；中心疑者，其辞枝；吉人之辞寡；躁人之辞多；诬善之人，其辞游；失其守者，其辞屈。”此中除吉人一类，其余皆为心术之病。

孟子约心言之病为四，尤简而能该。如曰：“诐辞知其所蔽，淫辞知其所陷，邪辞知其所离，遁辞知其所穷。诐谓偏诐，淫谓放荡，邪谓邪僻，遁谓逃避。蔽谓障隔，陷谓沉溺，离谓离畔，穷谓困屈。生于其心，害于其政；发于其政，害于其事。圣人复起，必从吾言矣。”其言之决定如此。程子曰：“心通乎道，然后能辨是非。如持权衡以较轻重，孟子所谓知言是也。”诐、淫、邪、遁为言病，蔽、陷、离、穷为心病。朱子曰：“人之有言，皆本于心。其心明乎正理而无蔽，然后其言平正通达而无病。苟为不然，则必有是四者之病矣。即其言之病，而知其心之失，又知其害于政事之决然而不可易者如此。非心通于道而无疑于天下之理，其孰能之？”

《大戴礼·曾子立事篇》曰：“目者，心之符也；今本作“浮”。据《韩诗外传》引作“符”，是。言者，行之指也，作于中则播于外也。故曰：以其见者占其隐者。”“听其言也，可以知其所好矣。观说之流，可以知其术也。”流犹言类别。术，心术也。又《曾子疾病篇》曰：“言不远身，言之主也；行不远身，行之本也。言有主，行有本，谓之有闻矣。”主、本者何也？一于敬而已矣。程子曰：“敬是体信达顺之道，聪明睿智皆由是出。”朱子曰：“人所以不聪不明，只缘身心惰慢，气便昏塞了。敬则虚静，自然通达。”又曰：“此心才不专静，则奸声佞辞杂进而不察，何以为聪？乱色谀容交蔽而莫辨，何以为明？心既无主，则应事接物之间，何以思虑而得其理？”所以此心常要肃然虚明，然后物不能蔽。故谓“知言”“知人”，皆“聪明睿智”之效，而不敬则不能得也。敬之该贯四事，于此可见。学者能于《曲礼》四句切己体会，则于当名辨物、正言断辞之道亦思过半矣。过此以往，所以为“聪明睿智”“体信达顺”之功亦必在于是也。

涵养致知与止观（续义理名相三）

大凡立教，皆是不得已之事。人人自性本来具足，但为习气缠缚，遂至汩没，不得透露。所以从上圣贤，只是教人识取自性，从习气中解放出来。习气廓落，自性元无欠少，除得一分习气，便显得一分自性。上根之人，一闻千悟，拨着便转，触着便行，直下承当，何等骏快，岂待多言？但上根难遇，中根最多，故孔子曰："中人以上，可以语上也；中人以下，不可以语上也。"佛氏亦有三乘顿、渐，教启多门，令其得入，皆是曲为今时广垂方便，所谓"为慈悲之故，有人草之谈"也。

先儒以乾为圣人之学，坤为贤人之学，即表顿渐、权实。以佛法准之，于《易》乾表真如门，坤表生灭门。所言学者，即生灭门中之觉义也。《起信论》"一心二门"与横渠"心统性情"之说相似。《通书》曰："诚无为，几善恶。"诚即真如，几即生灭。善恶者，即觉与不觉二相也。儒者示教之言亦有顿渐，如《通书》曰："学圣人有要乎？曰有，一而已。一者何？无欲也。无欲则静虚动直，静虚则明，动直则公。明通公溥，庶矣乎。"此顿教之旨也。伊川曰："涵养须用敬，进学则在致知。"又曰："未有致知而不在敬者。”此渐教之旨也。又如明道《答横渠书》曰：“所谓定者，动亦定，静亦定，无将迎，无内外。”此顿教之旨也。横渠则曰：“言有教，动有法，昼有为，宵有得，息有养，瞬有存。”此渐教之旨也。濂溪、明道天资高，其言皆为接上根，若中根便凑泊不上；伊川、横渠功夫密，其言普被群机，上根亦莫能外，中根可跂而及。故朱子晚年每举伊川“涵养须用敬，进学则在致知”二语以教学者。黄勉斋作《朱子行状》，约朱子一生之学为三言，曰：“居敬以立其体，穷理以致其知，反躬以践其实。”而敬也者，所以成始而成终也。程、朱自己得力在此，其教人用力亦在此。

今日学子若自甘暴弃，拨无圣贤，则亦已矣。如其犹知有自性，犹知有圣贤为己之学，则亟须用力体究，下得一分功夫，自有一分效验。孔子曰：“谁能出不由户，何莫由斯道也。”禅师家有赵州谂尝告学者曰：“汝若真知用力，三年五载不间断而犹不悟者，割取老僧头去。”看他古人以此为一大事，念兹在兹，不肯放舍，所以能有成就。今人全不以此为事，并心外营，如游骑无归，自家一个身心尚奈何不下，如何能了得天下事？平常日用都从习气私欲中出发，互相熏染，辗转增上，计执益深，卒难自拔，不待夷狄侵陵而吾圣智之法已荡然无存矣。故在外之夷狄当攘，尽人皆知；而吾自心之夷狄不攘，终无以为安身立命之地。何谓自心之夷狄？凡习气之足为心害者皆是也。何以胜之？曰：敬而已矣。“未有致知而不在敬者”，惟从涵养得来，则知为心德，为正知。庄子所谓“以恬养知”亦是。否则只是寻声逐响，徇物之知，或反为心害，此知乃是习气也。

《坤》六二“直方大，不习，无不利”，象曰：“六二之动，直以方也。”文言曰：“直其正也，方其义也。君子敬以直内，义以方外，敬义立而德不孤。‘直方大，不习，无不利’，则不疑其所行也。”主敬集义，涵养致知，直内方外，亦如车两轮，如鸟两翼，用则有二，体唯是一。“敬义立而德不孤”者，言其相随而至，互为因藉，决无只翼单轮各自为用者。故谓伊川此言略如天台所立止观法门，主敬是止，致知是观。彼之止观双运，即是定慧兼修，非止不能得定，非观不能发慧。然观必先止，慧必由定，亦如此言涵养始能致知，直内乃可方外，言虽先后，道则俱行。虽彼法所明事相与儒者不同，而其切夫涂辙理无有二。比而论之，实有可以互相助发之处，故今略言之。

梵语奢摩他，此翻云“止”，即定之异名，寂静义也。心不妄缘，安住净觉，不取诸相，便能内发轻安，一切义理于中显现。如镜中像，影像历然，镜体不动，此名定相。梵语三摩钵提，亦云三摩地，此翻等持。又名毗婆舍那，此翻正见，即观义也。观以照了为义，双离昏掉曰等，专注不散曰持。能观之智性清净，故所观之境悉皆谛实，决定不疑，名之曰慧，亦名正见。梵语禅那，此翻静虑，静即是止，虑即是观。即虑而静，故非散动；即静而虑，故非无记。是为止观双运、定慧平等之相，亦名为舍。涅槃三相曰定、慧、舍。梵语为优毕叉。绝待双融，故名舍矣。

右约大乘诸经论通说三种观门，明止观所从出。天台智者大师依《法华》《般若》诸经，大乘《中观》等论，所立别有三止、三观之目。三止者，一体真止，谓了妄即真故。二方便随缘止，谓历诸缘境，安心不动故。三离二边分别止。谓生死、涅槃、有无之相等无有异故。三观者，一空观，谓观一切法毕竟空寂故。二假观，谓诸法虽空而不碍幻有，权假施设，一切具足故。三中观。谓双非双即，圆融绝待故。具此三观，当明三谛。三谛者，一真谛，二俗谛，三中道第一义谛是也。真谛泯绝无寄，俗谛万法历然，第一义谛真俗双融，于法自在，方为究竟。彼教经论浩博，今不具举，特欲借彼明此，约而言之。即此亦可窥其大略矣。

学者当知人心之病，莫甚于昏散。《易》所谓"憧憧往来，朋从尔思"，起灭不停，若非乱想，即堕无记。《楞严》所谓"聚缘内摇，趣外奔逸，昏扰扰相，以为心性"者是也。散心观理，其理不明，如水混浊，如镜蒙垢，影像不现。故智照之体，必于定心中求之。先儒尝谓敬是常惺惺法，今谓敬亦是常寂寂法，惟其常寂，所以常惺。寂故不散，惺故不昏，当体清明，义理昭著，然后天下之至赜者始可得而理也，天下之至动者始可得而正也。无无止之观，无无定之慧，若其有之，必非正观，必为狂慧。故曰："未有致知而不在敬者。"敬实双该止、观二法，由此可知。盖心体本寂而常照，以动乱故昧；惟敬则动乱止息，而复其本然之明。敬只是于一切时都摄六根住于正念，绝诸驰求劳虑。唯缘义理，即为正念。敬以直内言，无诸委曲相也。常人以拘迫矜持为敬，其可久邪？

又玄奘译《百法明门论》，分心所有法为五位，第二别境五法：一欲，二胜解，三念，四三么地，五慧。三、四是敬摄，二、五是知摄。别境者，言历别缘境而生，对遍行说也。所缘之境有四，谓所乐境、决定境、曾习境、所观境。彼文云：“欲者，于所乐境，希望为性，勤依为业。”此即儒家所谓志也。“胜解者，于决定境，印持为性，不可引转为业。”谓于所证理境，审决印持，不为异缘之所引转，若犹豫境，胜解全无。“念者，于曾习境，令心明记，不忘为性，定依为业。”“三么地者，此云等持，于所观境，令心专注不散为性，智依为业。”“慧者，于所观境，拣择为性，断疑为业。”念及三么地，敬也；胜解与慧，知也。学者观于此，则于“未有致知而不在敬”之义，亦可以无疑矣。

说止（续义理名相四）

程子尝谓看《华严经》不如看一艮卦，此语大好参究。夫观象玩辞，学《易》之道，何独取于艮？又何以比之于《华严》？学者须是看过《华严》了，却再来看艮卦，便知程子此语落处。此须自悟，不务速说。《华严》则且置，艮卦作么生看？今不妨葛藤一上。

雪峰禅师有三句，曰：函盖乾坤句，截断众流句，随波逐浪句。朱子亦尝用之，如曰：佛家有此三句，“圣人言语亦然。如《系辞》‘以言乎远则不御，以言乎迩则静而正’，此函盖乾坤句也；‘《井》以辨义’‘《巽》以行权’，只是随道理说将去，此随波逐浪句也；‘《复》其见天地之心’‘神也者妙万物而为言’，此截断众流句也。”《语类》七十六邢僩录。看《华严》不如看一艮卦，此亦是截断众流句。如今葛藤不已，却只是随波逐浪句。然临济尝云：“一句中须具三玄，一玄中须具三要。有权有实，有照有用。”此非作意安排，一句中自具三句。故慈明曰：“一句分宾主，照用一时行。”善会者自能得之。今不是说禅，却是借他禅语来显义，欲使学者举一反三，容易明白耳。

《易》艮卦辞曰:“艮其背，不获其身；行其庭，不见其人。无咎。”彖曰:“艮，止也。时止则止，时行则行，动静不失其时，其道光明。艮其止，止其所也。上下敌应，不相与也。是以不获其身，行其庭；不见其人，无咎也。”象曰：“兼山，艮。君子以思不出其位。”☶艮之卦象，一阳居二阴之上。阳动而进，至于上则止。阴者，静也。上止下静，故为艮。伊川《易传》曰：“人之所以不能安其止者，动于欲也。欲牵于前而求其止，不可得也。故艮之道，当‘艮其背’。所见者在前，而背乃背之，是所不见也。止于所不见，则无欲以乱其心，而止乃安。‘不获其身’，不见其身也，谓忘我也。无我则止矣，不能无我，无可止之道。‘行其庭，不见其人’，庭除之间，至近也。在背，则虽至近不见，谓不交于物也。外物不接，内欲不萌，如是而止，乃得止之道，于止为无咎也。”又《遗书》曰：“‘不获其身’，无我也；‘不见其人’，无人也。”程子之言如此，在佛氏谓之无我相、无人相。言不见者，非不见也，谓不见有我相、人相也。如是而见，则名正见，亦谓之无相三昧。

今谓止者有二义：一是寂灭义，二是不迁义。前义是就息妄说，后义是就显真说。盖妄心不息，则真心不显，息妄显真，非有二事，所谓“闲邪则诚自存”。但欲诠义，亦可说为二。何谓寂灭义？佛氏云:“诸行无常，是生灭法。生灭灭已，寂灭为乐。”常人闻寂灭则相顾而骇，不知所言止者，就妄心止息义边说，名为灭，非断灭之谓也。《圆觉》云：“幻灭灭故，非幻不灭。譬如磨镜，垢尽明现。”《楞严》喻：“亦如翳人，见空中华，翳病若除，华于空灭。""生死涅槃，皆即狂劳，颠倒华相。""根结若除，尘相自灭。诸妄销亡，不真何待？"百丈海曰："但了诸法不自生，皆从自己一念颠倒，取相而有。知心与境，不相到，当处解脱，一一诸法，当处寂灭。"儒者所谓人欲净尽，天理流行，即"生灭灭已，寂灭为乐"也。"上下敌应不相与"，即明根境不相到之义。艮者，所以成终而成始也。不觉以止而终，觉以止而始，狂心顿歇。歇即菩提，断尽无明，方成觉道。此与"一日克己复礼，天下归仁"并无二致。所谓"不用求真，唯须息妄"，妄息为灭，息妄名真，故谓止是寂灭义也。

何谓不迁义？妄心念念，生灭相续，故名迁流；真心体寂，故名常住。所谓不住名客，住名主人。以其常住，故不迁矣。彖曰："时止则止，时行则行，动静不失其时，其道光明。"此谓一切时不迁也。"艮其止，止其所也。上下敌应，不相与也。"此谓一切处不迁也。"世为迁流，界为方位"，如实而谈，则念劫圆融，虚空消陨，无有延促，无有去来，此为止之了义。《法华》云："是法住法位，世间相常住。"《放光般若》云"法无去来、无动转"者，依世间解说，有三世十方。若自心"流注想断，无边虚空，觉所显发，动静二相，了然不生"，则三世十方一齐坐断。《起信论》云"一念相应，觉心初起，心无初相，以远离微细念故，得见心性，心即常住，名究竟觉"是也。又云："智净相者，如大海水，因风波动，而水非动性，若风止息，动相则灭，湿性不坏故。众生自性清净心，因无明风动，而心非动性，若无明灭，相续则灭，智性不坏故。"前是就觉体离念说，此是就本觉随染说。以此显止，乃为究竟无余。故《学记》曰“大时不齐”，言无分限也；老子曰“大方无隅”，言无边际也。“时止则止，时行则行，动静不失其时”，所谓动亦定，静亦定，更无动静二相也；“其道光明”，所谓“净极光通达，寂照含虚空”，唯妙觉明，更无明暗二相也。庄子云“泰宇定而天光发”，亦与此同旨。“止其所者”，不离当处而周遍十方，所谓“不疾而速，不行而至”，更无去来二相也。以一相无相，故显示常住真心，故说止是不迁义也。

复次，僧璨《信心铭》曰：“止动归止，止更弥动，唯滞两边，宁知一种。”学者当知止者，必离二边分别，即无去来动静二相。如是则不迁之旨明矣。若不知即动是静，而舍动以求静，则其所谓止者亦动也；悟即动而静，则知动静之时者，其动亦止也。故肇公云：“旋岚偃岳而常静，江河竞注而不流，野马飘鼓而不动，日月历天而不周。”故谓谈真有不迁之称，顺俗有流动之说，“谈真则逆俗，顺俗则违真，违真故迷性而莫返，逆俗故言淡而无味”也。“梵志出家，白首而归，邻人见之曰：‘昔人尚存乎？’梵志曰：‘吾犹昔人，非昔人也。’”大鉴在南海法性寺，暮夜风飏刹幡，闻二僧对论，一曰“幡动”，一曰“风动”，大鉴曰：“可容俗流辄预高论否？直以风幡非动，动自心耳。”于此荐得，亦可无疑于斯言。

肇公又曰：“人之所谓动者，以昔物不至今，故曰动而非静；我之所谓静者，亦以昔物不至今，故曰静而非动。动而非静，以其不来；静而非动，以其不去。然则所造未尝异，所见未尝同，逆之所谓塞，顺之所谓通。苟得其道，复何滞哉？人情之惑也久矣，既知往物不来，而谓今物而可往。往物既不来，今物何所往？何则？求向物于向，于向未尝无；责向物于今，于今未尝有。于今未尝有，以明物不来；于向未尝无，故知物不去。覆而求今，今亦不往，是谓昔物自在昔，不从今以至昔；今物自在今，不从昔以至今。”“既曰古今，而欲迁之者，何也？”“今若至古，古应有今；古若至今，今应有古。今而无古，以知不来；古而无今，以知不去。”“事各性住于一世，有何物而可去来？”不迁之致，义极于此。是谓“动静不失其时”，是谓“止其所”。故曰：“智者观其彖辞，则思过半矣。”艮卦只恁么看，一部《周易》亦只恁么看。

去矜上（续义理名相五）

上蔡《语录》云，谢子与伊川别一年，往见之，伊川曰："相别又一年，做得甚功夫？"谢曰："也只是去个'矜'字。"曰："何故？"曰："子细检点得来，病痛尽在这里，若按伏得这个罪过，方有向进处。"伊川点头，因语在座同志者曰："此人为学，切问近思者也。"胡文定公问"矜"字罪过何故恁地大，谢曰："今人做事，只管要夸耀别人耳目，浑不关自家受用事。如有底人食前方丈，便向人前吃；只蔬食菜羹，却去房里吃。为甚恁地？"上蔡此言最为亲切。今略引群经，明矜之过失及去矜之道如下。

《论语》：颜渊、季路侍。子曰："盍各言尔志？"颜渊曰："愿无伐善，无施劳。"朱注曰："善，谓有能。（施，亦张大之意。）劳，谓有功。（施，亦张大之意。）"《虞书》舜命禹曰："汝惟不矜，天下莫与汝争能；汝惟不伐，天下莫与汝争功。"《易·系辞》"'劳谦，君子有终，吉。'《谦》卦九三爻辞。子曰：'劳而不伐，有功而不德，厚之至也。语以其功下人者也。'"老子曰："自见者不明，自是者不彰，自伐者无功，自矜者不长。"

以上皆矜伐并举。曰善曰能，是居之在己为矜；曰劳曰功，是加之于人为伐。浑言则矜、伐不别，皆因有我相、人相而妄起功能。诸相只是一个胜心，胜心即是私吝心，佛氏谓之萨迦耶见，我执、法执之所依也。然《论语》有“君子矜而不争”及“古之矜也廉”，朱子注：“庄以持己曰矜。”又：“矜谓，持守过严。廉，谓稜角峭厉。”此“矜”字不是恶德，但虽有持守，乃作意出之，不免厓岸自高，亦是一种病痛。今所谓矜不是此类，是专指矜伐之“矜”，此则纯是恶德，故去之务尽也。

人何故有矜？今更以佛说显之。此在根本烦恼中，是痴、慢二法所摄。《百法》云：“无明者，无明即痴。于诸理事，迷暗为性，能障无痴，一切杂染，所依为业。慢者，恃己于他，高举为性，能障不慢，生苦为业。”谓有慢者，于诸有德，心不谦下，能生诸苦。在随烦恼中，具有覆、诳、谄、憍、害、嫉、无惭、无愧八法，亦是贪瞋二分所摄。《百法》云：“覆者，于自作罪，恐失利誉，隐藏为性，能障不覆，悔恼为业。诳者，为获利誉，矫现有德，诡诈为性，能障不诳，邪命为业。谄者，为罔他故，矫设异仪，谄曲为性，能障不谄，教诲为业。谓谄曲者为欲取悦于人，矫辞巧说，不信师友正言也。能障通不谄及教诲为言。憍者，于自盛事，深生染著，醉傲为性，能障不憍，染依为业。害者，于诸有情，心无悲悯，损恼为性，能障不害，逼恼为业。嫉者，殉自名利，不耐他荣，妬忌为性，能障不嫉，忧慼为业。按此即忮心。忮者必求，求而不得则慼。鄙夫之患得患失，小人之长戚戚是也。无惭者，不顾自法，轻拒贤善为性，能障于惭，生长恶行为业。无愧者，不顾世间，崇重暴恶为性，能障于愧，生长恶行为业。”按惭是自惭，愧是愧人，故以自法、世间分说。佛书中言世间，有时其意义颇近于今时所言社会。善法中翻此二法，则为惭、愧。崇重贤善、轻拒暴恶为性，对治无惭、无愧，止息恶行为业。轻者对重而言，鄙贱之意也。儒者谓“小人不耻不仁，不畏不义”，即无惭无愧。“耻不仁者，其为仁矣”即具足惭、愧二法也。盖心存矜伐者，务以胜人，不见己恶，其流必至于此。上蔡所谓“按伏得这个罪过，方有向进处”，学者须是先识得矜之过患，然后方知克治除遣之法。如何除遣，先遣我、人相，次遣功、能相。

云何先遣我、人相？儒者只言己私，不加分析，不如佛氏加以推勘，易于明了。凡计人我者，不出五蕴。蕴以积聚盖覆为义。五蕴者，色、受、想、行、识是也。何谓色蕴？质碍为色。谓四大及五根、五尘。四大者，地、水、火、风，谓坚相、湿相、煖相、动相。眼耳诸根，色声诸境，和合积聚，总名为色。按，安慧《五蕴论》尚有无表色，亦色蕴摄，今略。何谓受蕴？领纳名受。谓领纳前境，而有三受，苦受、乐受、不苦不乐受，总名受蕴。何谓想蕴？想即取相。谓意识缘诸尘而生取著，总名为想。何谓行蕴？行即迁流、造作之义。谓除受、想诸余心法，心所行处，总名行蕴。此分遍行、别境二种。遍行者，三性、八识、九地，一切时俱能遍故；别境者，于差别境历别缘境而生起故。此有善不善等。何谓识蕴？了别名识。谓于所缘诸境能了别故，又能执持含藏诸种令相续故，有情执为自内我故，总名识蕴。《圆觉》所谓“妄认四大为自身相，六尘缘影为自心相”是也。计有我者，不出四见，一即蕴，二离蕴。计即蕴者，为即色是我邪？为即受、想、行、识是我邪？若俱是者，我应有五。计离蕴者，若离于蕴，我不可得。又计色大我小，我在色中；我大色小，色在我中。受、想、行、识，亦复如是。此二见者，辗转虚妄，反覆推勘，我实不可得。我相如是，人相亦然。因我故有我所，我既不可得，云何立我所？如是我、人二相俱遣，则矜无所施矣。

去矜下（续义理名相六）

云何遣功、能相？以儒家之义言之，天地虽并育不害，不居生物之功；圣人虽保民无疆，不矜畜众之德。故曰："天何言哉？四时行，百物生，天何言哉？""巍巍乎，舜禹之有天下而不与也。"颜子"有若无，实若虚""以能问于不能，以多问于寡"。孔子曰："吾少也贱，故多能鄙事。君子多乎哉？不多也。""吾有知乎哉？无知也。有鄙夫问于我，空空如也。我叩其两端而竭焉。""所求乎子以事父，未能也；所求乎弟以事兄，未能也；所求乎朋友先施之，未能也。""若圣与仁，则吾岂敢？抑为之不厌，诲人不倦，则可谓云尔已矣。""文王视民如伤，望道而未之见。""周公思兼三王"，思而不得，"坐以待旦"。汤曰："朕躬有罪，无以万方；万方有罪，罪在朕躬。"武王曰："百姓有过，在予一人。"此皆圣贤用心行事之实相，决非故为㧑谦。其自视欿然，觉得实有许多不尽分处，岂有纤毫功能之相？是则不待遣也。如梁惠王开口便曰："寡人之于国也，尽心焉耳矣。"人之度量相越，岂不远哉！程子曰："尧、舜事业如一点浮云过太虚。"朱子说："典礼犹云常事。尧、舜揖让，汤、武征诛，只如家常茶饭。"此真得圣人之用心，只是行其所当然而已。"'于戏前王不忘'，君子贤其贤而亲其亲，小人乐其乐而利其利"，此谓前王实能亲亲尊贤，与民以乐利，所以既没世而人思慕其功德有如是也。故功德皆从后人称道之辞，岂有以功德自居自赞之理？

惟秦始皇既并六国，巡行所至，乃专以刻石颂德为事，群臣诵功，动称"皇帝休烈"，自以功过五帝，地广三王，极矜伐之能事。自秦以后有国家者，其形于诏令文字或群下奉进之文，往往愈无道愈夸耀，不待"观其礼而知其政，闻其乐而知其德"，夷考其言诚伪，自不可掩也。此其失何在？由于骄吝之私，见小识卑，彼实以功德为出于己也。程子谓"才有一毫私吝心，便与天地不相似"，非此类之人所能梦见也。末学肤受，亟于求人知，好为大言以自表见，居之不疑，此病最是不可救药。若以佛说推勘，当知功能之相实不可得，庶几废然知返。为对治此类病，故略明缘起性空，使知非己所得而有，亦是一期药病之言耳。

何谓"缘起性空"？欲明此义，须究大乘般若方等诸经论，至约亦须明三论，《十二门论》《中论》《百论》。今只能略举其一端。《肇论》云："一切诸法，缘会而生。缘会而生，则未生无有，缘离则灭。如其真有，有则无灭。以此而推，故知今虽现有，有而性常自空。"此谓诸法从缘故不有，缘起故不无也。《十二门论》云："众缘所生法，即是无自性，若无自性者，云何有是法？"释云："众缘所生法有二种，一者内，二者外。众缘亦有二种，一者内，二者外。"言内者，乃破小乘十二因缘，今略之。又所言法者，该有为无为。今专明有为。外因缘者，如泥团、转绳、陶师等和合，故有瓶生；缕綖、机杼、织师等和合，故有氎生；治地、筑基、梁椽、泥草、人功等和合，故有舍生；酪器、钻摇、人功等和合，故有酥生；种子、地、水、火、风、虚空、时节、人功等和合，故有芽生。当知外缘等法皆如是从众缘生。从众缘生故，即是无自性。《涅槃》云："譬如青黄合成绿色，当知是二，本无绿性，若本有者，何须合成。"若自性无，他性亦无，自他亦无，何以故？因他性故无自性。谓自性若有，则不因他。若谓以他性故有者，则牛以马性有，马以牛性有，梨以柰性有，柰以梨性有，余皆应尔，而实不然。若谓不以他性故有，但因他故有者，是亦不然，何以故？若以蒲故有席者，则蒲席一体，不名为他；若谓蒲于席为他者，不得言以蒲故有席。又蒲亦无自性，何以故？蒲亦从众缘出，故无自性。不得言以蒲性故有席。是故席不应以蒲为体。余瓶酥等外因缘法，皆亦如是不可得。

学者当知所言功能者，亦是因缘所生法。云何得成？若谓能是能成之缘，功是所成之法，而此能者即众缘也。是则功无自性，缘所成故；能亦无自性，体即缘故。此缘不从自生，为不孤起故；亦不从他生，缘不定二故；亦非自他共生，诸缘各住自位故。辗转推勘，皆不可得。能成既无，所成何有？是故功能及我皆空。又此言功能属有为法。今立量云：一切有为法，皆无自性，宗。以从缘生故，因。喻如瓶等。喻。又：一切有为法定空，宗。以无自性故，因。喻如不以蒲性故有席。喻。是故功能虽似幻有，当体本空也。

学者观此，如犹未喻，今更引老子之言明之。老子曰："三十辐共一毂，当其无，有车之用；埏埴以为器，当其无，有器之用；凿户牖以为室，当其无，有室之用。故有之以为利，无之以为用。”此章旧师所释皆不得其旨，若以“缘起性空”之义释之，则迎刃而解矣。盖老子所谓“有”者，即指缘生；所谓“无”者，即谓性空也。某旧曾注《老子》，今附录此章义如下：

此显缘生之法，咸无自性，故幻用得成也。车之用，载重行远是也；器之用，受物可持是也；室之用，居处宴息是也。方其辐毂已具，埏埴已成，户牖已施，但有车、器、室之相而已，其用固未形也。及其用之，则随人而无定，故当其有此三法也，非三用也。当其有此三用也，非三法之能有也。辐毂非即是车，车不离辐毂，车与辐毂各不相知，而车之用出焉。为出于车邪？车无自体，辐毂等所成故。为出于辐毂邪？辐毂非全车，离车则辐毂无所施故。是故舍辐毂则车丧，舍车则辐毂亦丧。求辐毂与车，则似有矣，求车之用，则无得矣。唯器与室亦然，埏埴而为方圆大小众形，则有器生，而器之用不存也；凿户牖而见明暗通塞诸相，则有室生，而室之用不存也。六事和合，三法幻起，三用虽炽然现前，而三法当体空寂。利者，言乎用之未发也。譬如刀刃之铦，但可名利，以之割物，乃得名用。刀不自割，故但有其利；人能使之，乃转利成用。用不属刀，亦不属人，不离刀人，刀人亦不相知，反复求之，皆不可得。故利则不无，用则不有。以缘生故有，有即幻有，非是定常；以无性故空，空乃本无，非是灭取也。

又《庄子·知北游篇》，“舜问乎丞曰：‘道可得而有乎？’曰：‘汝身非汝有也，汝何得有夫道？’舜曰：‘吾身非吾有也，孰有之哉？’曰：‘是天地之委形也。生非汝有，是天地之委和也；性命非汝有，是天地之委顺也；孙子非汝有，是天地之委蜕也。故行不知所往，处不知所持，食不知所味，天地之强阳气也，又胡可得而有邪？’”郭注：“强阳，犹运动耳。”按，《列子·天瑞篇》亦有此文，疑其袭取《庄子》。庄子谓强阳气即气之动，气动即缘生也。自道家、儒家言之，皆谓气聚则生，气散则死；自佛氏言之，则曰缘会则生，缘离即灭。会得此语，则证二空：身非汝有是人空，不得有夫道是法空。在儒家谓之尽己。私人我，诸法不成安立，然后法身真我始显，自性功德始彰。故曰：“至人无己，神人无功，圣人无名。”无己之己无所不己，是为法身，即性也；无功之功任运繁兴，是为般若，即道也；无名之名应物而形，是为解脱，即教也。是故“与天地合其德，与日月合其明，与四时合其序”，而后知暖暖姝姝自以为足者，未始有物也。一蚊一蝱之劳，其于天地亦细矣，尘垢秕糠，未足为喻，奚足以自多乎？如是则人我功能之相遣尽无余，何处更著一“矜”字。

在《易》象：“山下有风，蛊。君子以振民育德。”挠万物者，莫疾乎风。山本静止，遇风则群物动乱，故成蛊坏之象。既坏而治之，止其动乱，则为有事。故曰：“蛊者，事也。”民者难静而易动，当蛊之时，治蛊之道在于“振民育德”，育德则止矣。《系辞》曰：“功业见乎变。”物坏是变，治其坏亦是变。人唯为习气所坏，故须学；天下唯无道，故须易：此皆不得已之事。乱既不生，何须定乱？如人无病，何须服药？“上工治未病”“君子防未然”。《学记》曰：“禁于未发之谓豫。”《大畜》“童年之牿”“豮豕之牙”，皆是遏人欲于将萌，消祸乱于不觉，无迹可寻，无功可著，民莫能名，无得而称，斯所以为至德。知此，则去矜之谈实为剩语矣。

附录：拟浙江大学校歌（附说明）

大不自多，海纳江河。惟学无际，际于天地。形上谓道兮，形下谓器。礼主别异兮，乐主和同。知其不二兮，尔听斯聪。

国有成均，在浙之滨。昔言求是，实启尔求真。习坎示教，始见经纶。无曰已是，无曰遂真。靡革匪因，靡故匪新。何以新之，开物前民。嗟尔髦士，尚其有闻。

念哉典学，思睿观通。有文有质，有农有工。兼总条贯，知至知终。成章乃达，若金之在镕。尚亨于野，无吝于宗。树我邦国，天下来同。

案，今国立大学比于古之辟雍，古者飨射之礼于辟雍行之，因有燕乐歌辞。燕飨之礼，所以仁宾客也，故歌《鹿鸣》以相宴乐，歌《四牧》《皇皇者华》以相劳苦，厚之至也。食三老五更于太学，必先释奠于先师，今皆无之。学校歌诗，唯用于开学毕业，或因特故开会时，其义不同于古所用歌辞。乃当述立教之意，师弟子相勖勉诰诫之言，义与箴诗为近。辞不厌朴，但取雅正，寓教思无穷之旨，庶几歌者、听者咸可感发兴起，方不失《乐》教之义。《学记》曰："大学始教，皮弁祭菜，示敬道也。宵雅肄三，官其始也。”此见古者《礼》《乐》之教，浃于人心，然后政成民和，国家以安。明堂为政之所从出，辟雍为教之所由兴，其形于燕飨歌辞者笃厚。深至如此，犹可见政教相通之义，此治化之本也。《论语》曰：“诵《诗》三百，授之以政，不达”“虽多，亦奚以为”，今作乐安歌，宜知此意。

今所拟首章，明教化之本，体用一原，显微无间，道器兼该，礼乐并得，以救时人歧而二之之失。言约义丰，移风易俗之枢机，实系于此。

次章出本校缘起，以求是书院为前身，闻已取“求是”二字为校训。今人人皆知科学所以求真理，其实先儒所谓事物当然之则，即是真理。事物是现象，真理即本体。理散在万事万物，无乎不寓。所谓是者，是指分殊；所谓真者，即理一也。凡物有个是当处，乃是天地自然之序。物物皆是当，交相为用，不相陵夺，即是天地自然之和。是当犹今俗言停停当当，亦云正当。序是礼之本，和是乐之本，此真理也。六经无真字，老、庄之书始有之。《易》多言“贞”，贞者，正也。以事言，则谓之正义；以理言，则谓之真理。或曰诚，或曰无妄，皆真义也。是字从“正”，亦贞义也。以西洋哲学真善美三义言之，礼是善，乐是美，兼善与美，斯真矣。《易》曰：“天下之动，贞夫一者也。”《华严》谓之一真法界，与《易》同旨。故谓求是乃为求真之启示，当于理之谓是，理即是真，无别有真。《易》曰：“水洊至，习坎。君子以常德行，习教事。”义谓水之洊至，自涓流而汇为江海，顺其就下之性而无骤也。君子观于此象，而习行教化之事，必其德行恒常，然后人从之。本校由求是蜕化而来，今方渐具规模，初见经纶之始，期其展也，大成如水之洊至，故用习坎之义。取义于水，亦以其在浙也。“无曰”四句，是诫勉之词，明义理无穷，不可自足，勿矜创获，勿忘古训，乃可日新。“开物成务”“前民利用”，皆先圣之遗言，今日之当务。“前民”之“前”，即领导之意。傅说之告高宗曰：“学于古训乃有获。”今日学子，尊今而蔑古，蔽于革而不知因，此其失也。“温故知新”，可以为师教者，所以长善而救其失。此章之言丁宁谆至，所望于浙大者深矣。

末章之意与首章相应。首言体之大，末言用之弘。“念终始典于学”，是《说命》文。典者，常也。久于其道而天下化成，乃终始典学之效。成山假就于始篑，修涂托至于初步，要终者必反始，始终如一也。“思曰睿，睿作圣”，是《洪范》文；“观其会通，以行其典礼”，是《易·系辞》文；“知至至之，可与几也。知终终之，可与存义也”，《易·乾》文言文。“知至”即始条理事，“知终”即终条理事。“同人于野，亨”，《易·同人》卦辞。“同人于宗，吝”，《同人》六二爻辞。野者，旷远之地，惟廓然大公，斯放之皆准而无睽异之情，故亨；宗者，族党之称，谓私系不忘，则畛域自封，终陷褊狭之过，故吝。学术之有门户，政事之有党争，国际之有侵伐，爱恶相攻，喜怒为用，皆是“同人于宗”，致吝之道。学也者，所以通天下之志，故教学之道，须令心量广大，绝诸偏曲之见，将来造就人才，见诸事业，气象必迥乎不同，方可致亨。又今学校方在播迁之中，远离乡土，亦有“同人于野”之象。大学既为国立，应无地方限制，若谓必当在浙，亦是“同人于宗”，吝道也。然此之寓意甚小，无关宏旨，他日平定后还浙，长用此歌，于义无失。

又抗战乃一时事变，恢复为理所固然。学校不摄兵戎，乐章当垂久远。时人或以勾践沼吴为美谈，形之歌咏，以寓复兴之志，亦是引喻失义。若淮夷率服，在泮献功，自系当来之事，故抗战情绪不宜羼入歌辞。文章自有体制，但求是当，无取随人。歌辞中用语多出于经，初学不曾读经者，或不知来历，即不明其意义。又谱入典调，所安声律亦须与词中意旨相应，故欲制谱之师于此歌辞深具了解，方可期于尽善。因不避迂妄，略为注释，如其未当，以俟知者。

法数钩玄

卷一

释三十七道品

一、四念处

念谓能观之慧，处即所观之境。众生于五阴中起四倒：谓于色阴起净倒，于受阴起乐倒，于想行二阴起我倒，于识阴起常倒。修此四观，以除四倒，故名四念处。

（一）观身不净，名身念处。

己身名内身，他身名外身，皆是四大假合，具五种不净。众生颠倒，计之为净而生贪著，故令观身不净。

（二）观受是苦，名受念处。

领纳名受，亦有内外：意根所受名内受，前五根所受名外受。一一根中各有违顺等三境：顺情境生乐受，违情境生苦受，不违不顺境生不苦不乐受。然此三受不离三苦：谓乐受是坏苦，乐尽则苦。苦受是苦苦，于苦身更加苦受。不苦不乐是行苦。虽不苦不乐，然念念生灭，名为行苦。众生颠倒，以苦为乐，故令观受是苦。

（三）观心无常，名心念处。

心指第六识言。此识分别计度，流注不停，若粗若细，念念生灭，皆是无常。众生颠倒，计之为常，故令观心无常。

（四）观法无我，名法念处。

染净善恶诸法，皆无作无受，如幻如化。众生颠倒，于中计有我我所，故令观法无我。

二、四正勤

正谓无邪，勤谓不怠。

（一）已生恶，令永断。

谓五盖等烦恼覆心，名之为恶，能遮五种善根。五盖者，贪欲、瞋恚、睡眠、悔、疑；五善根者，信、精进、念、定、慧。当一心精进，方便断除，不令更生。

（二）未生恶，令不生。

即遮止五盖，令不再生。

（三）已生善，令增长。

即指五善根欲令增长，当一心精进，方便修习，令不退失。

（四）未生善，令得生。

谓五善根未生，当一心精进，方便修习，令得生起。

三、四如意足

（一）欲如意足。

欲者，向慕企求之意。凡修习一切善法，若无乐欲之心，事必难遂。求之真切，如饥如渴，必能成就所愿，为欲如意足。

（二）念如意足。

念者，一心专注之谓。行者若不专注，不能入理，即有所入，亦易退失。专念之人，所愿必得成就，故名念如意足。

（三）精进如意足。

不杂曰精，无间曰进。一心观理，使无间杂，则凡所修习，皆得成就，名精进如意足。

（四）思惟如意足。

不思不得，凡细心析理，必用思惟。心不驰散，不走作，所谓置心一处，无事不办。如是修习，皆得成就，名思惟如意足。

四、五根

根者，喻如草木，根深则枝叶蕃茂。五者为入道根本，能生一切无漏善法，故为修习之要。

（一）信根。

信为道元功德母。谓行者于正法起决定信，信佛诚言，信善知识教导，不疑不悔，不没不失。由此信入，渐渐修习，为禅定解脱之根本也。

（二）精进根。

既信正观，勤学不息，策励勇猛，无稍懈怠，名精进根。

（三）念根。

一心专注，不二不杂，持此正念，世间一切颠倒妄想自然消除，名为念根。

（四）定根。

摄心正观，不散不乱，心常寂静，名为定根。

（五）慧根。

由定根增长，故观照自发，正解现前，入理深妙，名曰慧根。

如是五根，生起次第，前必启后，后必摄前。如人行步，不得辄止，始能成就善根。若一前一却，作辍无恒，则如草木无根，不能生长。

五、五力

由五种善根增长故，能发生力用，故名为力。如人举重，久习增强，能胜钧石；如今车船发动机，其力大者则载重愈多。众生宿世业力强者，今世善根力弱，则不能解除烦恼。必善根力增强，则烦恼转弱，亦如勇士却敌，敌不敢近也。

（一）信力。

信根增长故，能遮止烦恼，不为世间一切俗事所挠，不为邪见所动，名为信力。

（二）精进力。

精进根增长故，能使诸根猛利，于所修习无漏善法，速得成办，名精进力。

（三）念力。

念根增长故，运心淳熟，杂虑不生，能成就正念功德，名为念力。

（四）定力。

定根增长故，不为一切违顺境界所转，心常寂定，绝诸乱想，渐得禅悦，名为定力。

（五）慧力。

慧根增长故，于世出世间诸法了了分明，能破一切邪妄诸执，故名慧力。

六、七觉支

破迷曰觉。行者善根力增长，自然具此七种觉，照了分明，不生迷惑，有此七种支分也。

（一）择法觉支。

能依正智起正观时，善能分别诸法实相、虚妄相，简择无差，故名择法觉支。

（二）精进觉支。

常行精进，自能觉了正智所行。如人行路，常由坦途，动步轻快，不行旁蹊曲径，不罣荆棘，日进无疆，名精进觉支。

（三）喜觉支。

心能契悟，自生欢喜，名喜觉支。

（四）除觉支。

既知诸法实相，善能断除一切颠倒妄想虚妄烦恼，以了知烦恼本空，心无住著，即能除断，故名除觉支。

（五）舍觉支。

谓舍离所见念著之境，善能觉了此境虚妄不实，不复忆念住著，诸见烦恼由此舍离，故名舍觉支。

（六）定觉支。

由于除、舍二觉支摄心不乱，能发生禅定，觉观分明，由初禅渐进至四禅，名定觉支。

（七）念觉支。

修习时，善能觉了，常使定慧均等。若心沈没，当念用择法、精进、喜等三支，令起不没；若心浮动，当念用除、舍、定等三支摄令安隐：名念觉支。此念觉善能调适，不使定多慧少，亦不使慧多定少，令心不沈不掉，安住正观。

此七通名觉支者，无漏正智，七事能到，故称觉也。

七、八正道

通达无碍曰道，远离邪曲名正。由五根、五力、七觉支渐次增进，能证实智，故为正道。

（一）正见。

修无漏正行，见谛分明，故名正见。

（二）正思惟。

见四谛时，与无漏心相应，意业清净，入理深妙，如实而思，名正思惟。

（三）正语。

口业清净，离诸妄语，称理而谈，名为正语。

（四）正业。

身业清净，修习所行，皆与实相相应，名正业。

（五）正命。

以无漏智通除三业中五种邪命，住正命中，故曰正命。邪命五者：一、为利养故，诈现异相奇特；二、为利养故，自说功德；三、为利养故，占相吉凶；四、为利养故，矫现威德；五、为利养故，称说所得供养。五者通为邪因缘活命，故曰邪命。不为名闻利养，自觉觉他，作大饶益，淡泊自甘，名为正命。

（六）正精进。

（七）正念。

（八）正定。

精进、念、定三义具如前。何以根、力、觉、道俱同有此三支？一者，渐次增胜故；二者，根、力、觉从因得名，正道从果受称，因果相望故。

由此八者通至涅槃，则涅槃为果，八正为因。又望三解脱门，则三十七道品并是因，修此得三解脱是果。三解脱门，亦名三三昧。三昧义谓正心行处，亦云正定。此就体言，解脱则就用言。《大智度论》云："三十七品是趣涅槃道行。"是道已到涅槃城。言道言门，皆是以用得名也。

释三解脱门

烦恼惑业，名之为结，亦名为缚。如人身被桎梏，不得自由。解脱者，解去缠缚，身得自在，即能超出一切违顺境界，不被境界所拘。门以能通为义，谓由此能通至涅槃也。

一、空解脱门。

谓观一切法，皆从因缘和合而生，自性本空，无我我所，如是通达，则于诸法无不自在，名空解脱门。

二、无相解脱门。

凡所有相，皆是虚妄，由于一念颠倒忆想分别而起。譬如翳眼见空中花，此花云何，任汝执捉。故云一切法无相，即是诸法实相。如是通达，即得自在，名无相解脱门。

三、无作解脱门。

知一切法空、无相，则于三界生死业无所造作。既无造作之业，即无果报之苦，而得自在，名无作解脱门。

释三德三身

三德

法身、般若、解脱是为三，常、乐、我、净是谓德。

一、法身德。

即自性具足之理。众生迷之而成颠倒，诸佛悟之而得自在，迷悟虽殊，体性恒一，故在圣不增，在凡不减，具足常、乐、我、净，即法身也。

二、般若德。

悟诸法实相之智，具足常、乐、我、净，即智身也。

三、解脱德。

不系名解，自在名脱。谓永离一切业累之缚，得大自在，具足常、乐、我、净，即随类应化，处尘不染，亦即应身也。

三身

一、法身。

即真如自性，平等本际，妙觉极圆，亦名法性身，亦名自性身。法身如虚空遍，谓无有障碍。

二、报身。

谓修习福慧所集功德，恒自受用广大法乐，即契理之智也。亦名智身，亦名智报身，亦名受用身。报身如日光遍，谓无幽不烛。

三、化身。

谓随类应现于诸国土，说法利生，亦名应身，亦名变化身。所言应者，谓赴感应机，随类化现也，亦即色身。色身如日影遍，谓随处映现。

释翻三染成三德

一、翻苦身成法身德。

谓于生灭无常之身，能观五阴本空，不生不灭，即成法身德。

二、翻烦恼成般若德。

谓于意识了别所起诸种惑业，若能观察惑体本空，无有自性，于一切法无不了达，即成般若德。

三、翻结业成解脱德。

谓观察所作诸业，其性本空，无造无作，亦无受者，则无一切系缚之相，于一切法无不自在，即成解脱德。

释常乐我净四德

一、常德。

不迁不变之谓常。性体虚融，湛然常住，历三世而不迁，混万法而不变，故名常。

二、乐德。

安隐寂灭之谓乐。离生死逼迫之苦，证涅槃寂灭之乐，故名乐。经云：“诸行无常，是生灭法，生灭灭已，寂灭为乐。”此之谓也。

三、我德。

自在无碍之谓我。若外道凡夫，于五阴身强立主宰，执之为我，乃是虚妄，不得自在，不名真我。佛身遍满，犹如虚空，无乎不在，一多隐显，皆无所碍，故名我。

四、净德。

离垢无染之谓净。无诸惑染，湛然清净，如大圆镜，了无纤翳，故名净。

按：《涅槃》以四荣、四枯表凡夫、二乘等八倒，正与四德觌体相反，今附于下。

释凡夫四倒

一、非常计常。

谓世间一切有为等事，皆悉无常，虚妄不实。凡夫妄计是常，即成常颠倒。

二、非乐计乐。

谓世间五欲之乐，皆是苦因。凡夫不了，妄计为乐，即成乐颠倒。

三、非我计我。

谓四大假合之身，本无有我。若一大是我，三大应非；若四大俱是我，应有多我。毕竟是谁为我？故知我不可得。凡夫不了，于自身中强作主宰，妄计为我，即成我颠倒。

四、不净计净。

谓凡夫之身，具有五种不净：一、种子不净；二、生处不净；三、自体不净；四、外相不净；五、究竟不净。凡夫不了，妄生贪著，计之为净，即成净颠倒。

释二乘四倒

一、常计无常。

法身常住，无有变异，二乘为无明所覆，妄计有变异相，是为无常颠倒。

二、乐计非乐。

涅槃清净乐中，二乘妄计为苦，是为非乐颠倒。

三、我计无我。

佛性真常之我，二乘妄计为无，是为无我颠倒。

四、净计不净。

法身常住，非杂食身，非烦恼身，非血肉身。二乘妄计，亦如世间一切诸色，皆为不净，是为不净颠倒。

释四谛

谛者，审实之义，依天台教分藏、通、别、圆四种。

一、藏教生灭四谛

经、律、论名三藏。此言藏教者，指声闻乘。

（一）苦谛。

逼迫名苦。有三苦、苦苦、坏苦、行苦。八苦生、老、病、死、爱别离、怨憎会、求不得、五阴盛。等目，不出三界生死。声闻之人，谛审生死实苦，故名苦谛。

（二）集谛。

招引名集。声闻人谛审烦恼惑业，实能招引生死之苦，故名集谛。

（三）灭谛。

寂灭名灭。声闻人厌生死苦，谛审涅槃寂灭之乐，故名灭谛。

（四）道谛。

通达名道。声闻人谛审戒、定、慧三学，实能通至涅槃之道，故名道谛。

二、通教无生四谛

通前藏教，通后别、圆，故名通教。

（一）苦谛。

谓三乘智人谛审五阴生死等苦，当体即空，无逼迫之相，名为无生苦缔。

（二）集谛。

谓三乘智人谛审烦恼惑业，当体即空，了无和合之相，故名无生集谛。

（三）灭谛。

谓三乘智人谛审五阴生死等苦，昔本无生，今亦无灭，故名灭谛。

（四）道谛。

谓三乘智人谛审所破之集，能破之道，同一真空，无有二相，故名道谛。

三、别教无量四谛

别前藏、通，别后圆教，故名别教。唯是菩萨乘，二乘人不得闻也。所化众生无量，所用法门亦无量，故名无量四谛。

（一）苦谛。

此教菩萨谛审十界众生生死诸苦，有无量相，一一不虚，故名苦谛。

（二）集谛。

此教菩萨谛审十界众生惑业，有无量相，实能招集生死之苦，故名集谛。

（三）灭谛。

此教菩萨谛审六度万行，实能证于涅槃寂灭之理，灭有无量相，故名灭谛。

（四）道谛。

此教菩萨自利利他，谛审恒沙法门不同，道有无量相，故名道谛。

四、圆教无作四谛

事理无碍之谓圆。大乘菩萨圆观诸法，事事即理，无有造作，故名无作。阴入皆如，无苦可舍；尘劳本清净，无集可除；边邪皆空，无道可修；生死即涅槃，无灭可证：是名无作四谛。

（一）苦谛。

此教菩萨谛审五阴、十二入之法，皆即真如，实无苦相可舍，故名苦谛。

（二）集谛。

此教菩萨谛审一切烦恼尘劳，性本清净，实无招集生死之相，故名集谛。

（三）灭谛。

此教菩萨谛审生死涅槃，体元不二，实无生死逼迫之苦可断，亦无涅槃寂灭之乐可证，故名灭谛。

（四）道谛。

此教菩萨谛审一切诸法，皆即中道，离边邪见，实无烦恼可断，无菩提可修，故名道谛。

释十二因缘

此约三世辨十二因缘。谓无明等展转感果名为因，互相由藉名为缘，三世相续，无间断也。过去世无明业行为因，感现在世识至受五者为果；由现在世爱、取、有三者为因，感未来世生、老、死之果。如是循环，无间断也。

一、无明。

谓烦恼之惑，覆于本性，无所明了，故曰无明。

二、行。

从无明起善不善身、口、意诸业，名为行。

三、识。

谓由过去惑业牵引，流爱为种，纳想为胎，是名为识，即识神也。

四、名色。

名者心之谓，心但有名而无形质也。色即是身，实有形质。

五、六入。

谓身形既具眼、耳、鼻、舌、身、意六根，即揽外境色、声、香、味、触、法六尘，互相渗入，故名六入。

六、触。

根尘相对，俱名为触，虽六识已生，未有苦乐等受也。

七、受。

由于根尘相对，渐解领纳前境好恶，名为受。

八、爱。

谓于顺情境界，心起贪著，名为爱。

九、取。

谓于所贪著之境，驰求执取，故名为取。

十、有。

谓因驰求诸境，起善、恶业，牵引后果，是名为有。所谓欲有、色有、无色有，名为三有，亦名三界。

十一、生。

谓由取有之因业所牵引，还受后世五阴之身，于四生六道中受生，是名生。

十二、老死。

谓后来世所受五阴之身，熟已还坏，名为老死。

卷二

释五停心（出《天台四仪》）

停者，止息之谓。对治众生五种过失之心。

一、多贪众生不净观。

对治染著。

二、多瞋众生慈悲观。

对治瞋恚。谓于违情境起瞋时，以四无量心、慈悲二观治之。

三、多散众生数息观。

对治散乱。谓数出入息，摄心不乱，数出不数入，数入不数出，使从粗至细，心息相依，不生乱想。

四、多痴众生因缘观。

对治根本无明，不了诸法从因缘生，皆无自性，妄想颠倒，取相执著，忆念分别，生诸烦恼。令观十二因缘当体本空，即依正观，破断、常等见，能生正智，断一切烦恼。

五、多障众生念佛观。

障有三种。(一)昏沈暗塞障。当念应身佛，相好庄严。(二)恶念思惟障。当念报身佛，智德圆明。（三）境界逼迫障。当念法身佛，实相空寂。诸障自消。

释八种恶觉（出《华严经》）

念起名觉。此八者，引生一切烦恼，故名恶觉。一念无明，倏尔而起，计著转深，随世言觉，实是不觉也。今谓感觉，当此。

一、贪觉。

凡取著之相，皆名为贪。令心歆动，驰求不息，是为贪觉。

二、瞋觉。

于违情境，瞋恚心起，常念忿恨，自恨恨他，皆名瞋觉。

三、恼觉。

逼害为恼。于违情境，心生憎恶、嫉恨，常恐人加逼害，自恼恼他，皆名恼觉。

四、亲里觉。

谓家族乡里，生长相习，爱憎恩怨，住著转深，不知其性本空，念念不舍，名亲里觉。即今乡土观念。

五、国土觉。

一期依报，本空无实，系念安危，增长烦恼，名国土觉。即今国家观念。

六、生死觉。

不知观十二因缘，于分段生死计之为实，虚受一切身心大苦，名生死觉。今言人生观近此。

七、族姓觉。

谓计有种姓贵贱，自起贡高，略如今人所称民族意识也。

八、轻侮觉。

谓我慢增上，轻蔑他人，人我计深，唯恐人之侮己。

此并前三，皆由计我；从四至七，则为我所。有我、我所，为一切烦恼所依也。

释八大人觉（出《佛遗教经》）

此言觉，乃了悟之名，与前以念起为觉者，天地悬隔。凡夫初机，未能具闻三十七道品者，略知此八，亦为入道之初门。大人，犹言菩萨也。

一、少欲觉。

谓于一切资生器具不求备美，不嫌粗敝，令心闲适，不起驰求。

二、知足觉。

谓于现前境界随遇而安，不于胜我者生歆羡，不起我不如人之想。合前少欲觉，皆是祛除胜心之要。

三、寂静觉。

谓闲居独处，远离愦恼，令心寂静，无有动乱，即是止息诸缘、对治昏扰之方便。

四、正念觉。

谓不念世间虚妄之法，唯念实相正观，令心专注，无有闲杂。

五、正定觉。

谓摄诸乱想，渐次修习禅定，其心悦可，更无走作也。

六、精进觉。

谓勤修善法，勇猛精进，道念增长，俗虑自消，无有退失也。

七、正慧觉。

谓从三至六，觉力增强，则生正慧，于诸法性相了彻无遗，具有智照之用也。

八、无戏论觉。

谓世间言说，不入诸法实相，皆名戏论。正慧既发，则因缘观成，语皆谛实，远离一切戏论。凡世俗语言无意义者，自不欲出诸口矣。

释十信

《华严》云："十信初心，便同正觉。"按：大、小乘通依三十七道品修习，入解脱门，证涅槃理，所谓断惑证真。圆教菩萨开外凡十信位，内凡三贤三十位及十地圣位，辨其阶差位次，十地具足，历等觉至妙觉，凡五十二位，此为无漏圣果，菩萨教乘之所必经。然因该果海，果彻因源，故古德云："才入信门，便登祖位。"圆顿教中，初心顿齐正觉。又云："初心毕竟二不别，如是二心前心难。"是信位最重也。

一、信心。

谓心与理一，决了无疑，离诸妄想，恒住中道，是为妙信纯真。

二、念心。

真信明了，正念不忘，乃至无量劫中，舍身受身，皆能忆念不失也。

三、精进心。

念心精明，进趣真净之境。

四、慧心。

精进不已，则纯真之慧自然显发，如《维摩经》之“善能分别诸法相，于第一义而不动”是也。

五、定心。

慧性明彻，湛然不动，用而常寂，寂而常用，妙湛常凝，名定心也。

六、不退心。

定慧具足，恒不退转。

七、护法心。

心无退转，则能保护任持一切佛法，与十方如来气分相接。

八、回向心。

谓以护法心力，感佛来应，仍回己深心，趣向于佛，犹如两镜交光互入也。

九、戒心。

回向佛故，自能安住净戒不失也。

十、愿心。

谓心住净戒得自在，故能遍游十方，化导众生，随其所愿，悉皆满足。

按：信位十心，前五仍是五根、五力增长胜妙之果，后五则由精进一念，展转开显之所成就，学者须知。

释十住

一、发心住。

谓由前十信相摄，进修方便，显发此心妙用，遍互涉入，圆成一心之德，名发心住。

二、治地住。

由前心所显发之理，见地明彻，如履平地，坦然无阻，名为治地。

三、修行住。

由前二住之智，明了诸法，遍修胜行，皆无留碍，名修行住。

四、生贵住。

由前妙行，冥契妙理，同佛气分，将生如来家，为法王子，故名生贵住。

五、方便具足住。

谓由前妙行，既与佛同，现自行化他，善巧方便，具足不缺，名方便具足住。

六、正心住。

谓容貌如佛，心相亦同，名正心住。

七、不退住。

谓身相、心相，皆与佛同，自性功德，日益增长，名不退住。

八、童真住。

童真犹言具体而微也。佛有十身：一、菩提身，二、愿身，三、化身，四、力持身，五、相好庄严身，六、威势身，七、意生身，八、福德身，九、法身，十、智身。菩萨住此位已，具佛十身灵妙之相，但未齐于佛，犹孩童已具大人相，故名童真住。

九、法王子住。

自发心至生贵，名入圣胎。自方便具足至童真，名长养圣胎。至此长养功成，名出圣胎。既出胎已，则为佛之真子，能绍佛种，故名法王子也。

十、灌顶住。

菩萨既成佛子，堪行佛事，佛以智水灌其顶，如世国王属其王子以国事，行海水灌顶礼，此天竺古俗。故名灌顶住。

释十行

由前十住进修功满，堪绍佛种，当广行饶益，成就利他，复有十位。

一、欢喜行。

谓十住功满，具佛妙德，能于十方刹土，随顺饶益众生，自他俱喜，名欢喜行。

二、饶益行。

谓善推妙德，饶益众生，令得法利，不生厌想。

三、无瞋恨行。

瞋恨之行，生于违拒。既能自觉，又能觉他，欢喜饶益，生于随顺，自无违拒，安有瞋恨？学者当知，是我慢既亡，人空已得，唯有欢喜，无瞋恨也。

四、无尽行。

谓随类化现，转化无穷，通十方三世，利物无尽。

五、离痴乱行。

谓了达一切法门，融归一理，得无差误，离痴乱也。

六、善现行。

由无痴乱故，能于同中现异，异中现同，周遍圆融，涉入无碍，而不见有同异之相，名善现也。

七、无著行。

由善现行圆满故，一一尘中现十方界，不相留碍，即不坏不杂。应知由无著故无碍也。

八、尊重行。

由无著行遍满示现，皆依般若智照之力；诸波罗密中般若第一，至尊至贵，故名尊重行。

九、善法行。

于妙观慧中，具显圆融之德，能成诸佛轨范，故名善法行。

十、真实行。

由前诸行皆是清净无漏无为，一真法界，圆融具足，德相所现，远离世间一切虚妄之相，唯此一事至真至实，故名真实行。

按：十行始于欢喜，终于真实。学者当知离瞋恨、离痴乱，皆因般若无著正智而来，才有一毫虚妄，必有违拒，是生瞋恨，故菩萨行处以随顺欢喜为第一，如此始是一性纯真也。儒《书》云："作德心逸日休，作伪心劳日拙。"作德是菩萨行处，日休则是其受用也。

释十回向

回谓回转，向谓趣向。菩萨起大悲心，欲度众生，回其十行之善，趣向三处：一、真如实际是所证，二、无上菩提是所求，三、一切众生是所度。回此胜行，趣向一真法界，与法界众生同证法性，圆满菩提，得成佛道也。

一、救一切众生离众生相回向。

经云："当度众生，灭除度相，回无为心，向涅槃路。"谓成就万行，虽度众生，而不取众生相，不生能度想，是名救一切众生离众生相回向。

二、不坏回向。

一念回向谓之空，无法不具谓之假，不一不异谓之中。离众生相即空，而不坏众生相即假，空、假不二即中。经云："坏其可坏，远离诸离，名不坏回向。"

三、等一切佛回向。

既不取众生相，亦不坏众生相，此其所向本觉之性，湛然常住，顿齐佛觉，故名等一切佛回向。

四、至一切处回向。

谓能觉之智，既齐佛觉，则所诠之理，与佛不异，无处不遍，故名至一切处回向。

五、无尽功德藏回向。

一如来遍一切世界，一世界亦具一切如来，世界如来互相涉入，得无罣碍，名无尽功德藏回向。

六、随顺平等善根回向。

谓于诸佛理地，起万行真因，显证一乘佛道。行从理起，故曰随顺；能生道果，故曰善根。经云：“于同佛地，地中，各各生清净因，依因发挥，取涅槃道，名随顺平等善根回向。”

七、随顺等观一切众生回向。

谓既修真因，善根成就，则知十方众生皆我本性。性既平等，故能成就一切众生善根，无有遗失，亦无高下，名随顺等观一切众生回向。

八、真如相回向。

不妄名真，不异名如。经云：“离一切相，即一切法。”唯即与离，二俱无著，则真如相现前，是名真如相回向。

九、无缚解脱回向。

谓真如之相现前，则智慧明了，十界依正等法，互摄圆融，自在无碍，名无缚解脱回向。

十、法界无量回向。

谓所证性德真如之理，圆满成就，含摄遍周，其量无外，十界差别之相，了不可得。经云：“性德圆成，法界量灭。”是名法界无量回向。

按：此三十位，名为三贤，俱属内凡，未登圣位。过此以往，有十地菩萨，始为圣位。然超凡人圣，必假熏修，忘心顿证，只在一念，故谓“不历僧祇获法身”也。

释十地

地以厚德载物为义。菩萨历证至此，能出生一切佛法，荷负一切众生，故名为地。

一、欢喜地。

谓智理圆彻，得大法喜。经云："于大菩提，善得通达，觉通如来，尽佛境界，名欢喜地。"

二、离垢地。

由尽佛境界，明了诸法一性，无同无异。经云："异性入同，同性亦灭，名离垢地。"盖于诸法有同异见，皆名为垢，见即是垢也。

三、发光地。

异同情见既尽，本觉慧光即发。经云："净极明生，名发光地。"

四、焰慧地。

谓慧光发焰，如大火聚，烁破一切情见。经云："明极觉满，名焰慧地。"古德云"赵州眼睛烁破四天下"，庶几近之。

五、难胜地。

由前焰慧，烁破情见，诸法同异之相皆不可得，即是佛境界，无有能胜，故名难胜地。

六、现前地。

于诸法相皆不可得，则真如净性，明显现前。经云："无为真如，性净明露，名现前地。"

七、远行地。

谓真如自性，广大无边，虽已现前，犹为分证，必尽其际，方为极至。经云："尽真如际，名远行地。"

八、不动地。

既尽真如之际，全得其体，真常凝寂，无能动摇。经云："一真如心，名不动地。"

九、善慧地。

既得真如之体，即发妙用，凡所照了，悉是真如，所谓全体作用也。经云："发真如用，名善慧地。"禅家大机大用，迥出常情，善慧地以之。

十、法云地。

菩萨至此，十地行满，唯务化物利生，大慈如云，普皆覆荫，虽润物无穷，本寂不动。经云："慈阴妙云，覆涅槃海，名法云地。"

释般若十喻

欲修空观者，须先明十喻。就其所已知，而例其所未知，名为喻。借事显理，以晓迷情，使其易悟也。

一、如幻。

如世幻师，幻作人物诸相，可见可闻，而实无体。愚者不了，谓之为实。无明幻起诸法，亦复如是。观空者了知见色闻声，皆如幻化，了无可执，于一切境，自能豁然开解。

二、如焰。

日初出时，远视他方，光气如水，名为阳焰。渴鹿逐之，及近乃知非水。妄想所取诸法，虚诳不实，亦复如是。

三、如水中月。

月在虚空，影现于水。狂猿逐之，以为真月，终不可捉。凡夫心中我相、人相，皆如水中月影，无可执取。

四、如虚空。

虚空体非群相，但有名字而无实法。观空者知凡所有相，皆虚妄不实。一切法无相，即是诸法实相，故说如虚空。

五、如响。

空谷传声，名之为响，犹影之于形也。一切言语形声，皆属风气鼓动而出，本无实法。观空者所闻声与响等，故说如响。

六、如乾闼婆城。

梵语干闼婆城，犹华言海市蜃楼也。世间山河大地、人、我、众生，一切诸相虽可眼见，而无有实，如海市蜃楼，顷刻即归幻灭也。

七、如梦。

梦中所认境相，方在梦时，执之为实，及至醒来，了无所有。故《信心铭》曰："眼若不寐，诸梦自除；心若不异，万法一如。"

八、如影。

影可见而不可捉，映光则现，不映则无。烦恼遮正见光，则有我相、法相影现；烦恼灭，则我相、法相皆无。如人处阴则影灭也。

九、如镜中像。

镜中像者，非镜所作，亦非面作，亦非和合，亦非无因缘作。虽无定有，而亦可见。分别诸法，亦复如是，非自有，非他有，非共有，亦非无因缘有，虽有而不可得。如镜中像，实无所有，而人自生诳惑，观空则知其不实也。

十、如化。

如变化人，无生老病死，亦无苦乐染幻。业报所受之身，亦复如是，皆无有实，故说如化。

释楞伽五法

一、名。

一切名言，皆从假立，若圣若凡，若有情，若无情，若根身器界，皆就众生领解，强为安立名字，故曰名。

二、相。

谓三界万法，一切品类，各有形貌，强为摹拟，故曰相。

三、妄想。

虚妄分别之念，名为妄想。谓由前名、相二法起分别心，认假名为有自体，执幻相为有实法，于是心、心数法，种种攀缘，纷然并起，是为妄想。

四、正智。

如来明了正见之智，了前诸法，如幻如化，非断非常，超过一切凡夫、小乘偏邪异见，是名正智。

五、如如。

不变不异名为如。谓由前正智，观察名、相，皆悉如幻，非有非无，名、相本空，即真如理。理因智明，智因理发，以智如理，以理如智，故名如如。

释楞伽三自性

一、遍计所执性无自性性。

谓众生迷惑,不了诸法本空,妄于我身及一切法周遍计度,一一执为实有，全是妄想安立，本无自性也。

二、依他起性无自性性。

谓一切法皆从缘生，此有故彼有，此生故彼生，互相因藉而起，都无自性，唯是虚妄也。

三、圆成实性无自性性。

谓一切法平等真如，不迁不变，圆满成就，缘起无碍，还与诸法为体相，故名圆成实性。了知遍计本空，依他如幻，当体即是圆成实性也。

释楞伽二无我

一、人无我。

五阴之身，假名为人，凡夫妄执为我。若了五阴本空，何有假名之人，更于何处可执为我？我毕竟不可得，名人无我。

二、法无我。

所谓法者，即四大、五阴等法，一一分别推求，皆悉空无所有。诸法既不可得，则无执取之法，亦无执取之人，名法无我。

卷三

释二烦恼（出《瑜伽师地论》）

烦者，昏扰相；恼者，惑乱相。恼乱身心，令不安隐，名曰烦恼。

一、根本烦恼。

即无明惑也。由此一念不觉，名为无明，能出生一切烦恼，故名根本烦恼。

二、随烦恼。

即见、思二惑也。分别曰见，寻求曰思。此二惑随于一切违顺境界，起贪、瞋等，随逐不舍，故名随烦恼。

释见思二惑（出天台教义）

惑者，从迷得名。众生不了一切诸法自性本空，妄生执著，犹如迷人谓东为西，迷失正道，依此流转生死，故名为惑。又就缠缚义，亦名二缚。

一、见惑。

谓意根对法尘，分别计度，妄生有无、常断等见，故名见惑。

二、思惑。

谓眼、耳、鼻、舌、身五根对色、声、香、味、触五尘，寻求执取，妄生染著，迷而不觉，故名思惑。

释三止三观（出天台教义）

三止

止者，止息之义。众生心相动乱，不能入理，故必须止息诸缘，远离愦恼，令心寂静，为修定之因。

一、体真止。

谓止息无明颠倒之妄，即是实相之真，以妄本无体，妄息则举体全真也。故经云：观相元妄，观性元真。

二、方便随缘止。

方便犹言善巧。谓随缘历境，心不附物，动亦止，静亦止，故名方便随缘止。如此则不为缘缚。

三、离二边分别止。

谓远离生死、涅槃、有无、一异诸分别相，即是中道，故名离二边分别止。

三观

观者，照了之义。散乱心中，不能觉照，唯依定心，始能发观，一念即具三谛，此即修慧也。

一、空观。

谓观一切法皆无自性，故空即是真谛现前。介尔一念，不在内、外、中间，反复推求，皆不可得。能荡除见、思二惑，至毕竟空，故名空观。

二、假观。

一切诸法，虚妄不实，但有假立名相，即是俗谛，如幻如化，不可执取，故名假观。

三、中观。

谓绝两边对待，非空非有，即假即空，即是中道第一义谛。不废俗谛，亦不立真谛，一念圆中，故名中观。

释四安乐行（出《法华文句》）

身无危险名安，心无忧恼名乐。

一、身安乐行。

谓远离豪势及恶人、邪法等，常修禅定，摄护其心，名身安乐行。

二、口安乐行。

谓远离妄言、绮语、两舌、恶口等过，不谤大乘，不轻小乘，不赞他人，亦不毁他人，不生怨嫌，名口安乐行。

三、意安乐行。

谓绝贪、瞋、痴、慢，不嫉、不谄、不恼他、不争竞，于一切众生起平等观，名意安乐行。

四、誓愿安乐行。

谓于一切众生起慈悲心，发大誓愿，以方便智慧力，咸令拔苦得乐，安住正法，名誓愿安乐行。

释四悉檀（出天台教义）

悉谓遍，檀谓施。梵语具言檀那，省称檀。华梵合言，名为悉檀。谓佛说法具此四种义，遍施一切众生也。

一、世界悉檀。

世为迁流，界为方位，即指三世十方。言众生根器不等，佛随其所堪能为，次第分别而说，令生欢喜，名世界悉檀。

二、为人悉檀。

谓佛说法，必先观众生宿根深浅，堪受大法与否，然后称其机宜而为说之，令生正信，增长善根，名为人悉檀。

三、对治悉檀。

谓说法如应病与药，如多贪众生令修不净观，多瞋众生令修慈心观，愚痴众生令修因缘观，执有者令修空观，妄生差别者令修平等观，如是皆为对治其病，故名对治悉檀。

四、第一义悉檀。

第一义即真实义、究竟义。前三为权，此一为实。谓佛观众生根熟，即为说究竟了义，令其得悟，名第一义悉檀。

又一一悉檀中皆具四悉檀，如生灭四谛即世界悉檀，无生四谛即为人悉檀，无量四谛即对治悉檀，无作四谛即第一义悉檀也。

释四食（出《华严经随疏演义钞》）

一、段食。

段谓分段，食乃资益之义。谓以香、味、触为体，入腹变坏，资益诸根，即俗言营养。

二、触食。

触即对也。谓六识所对色等诸尘柔软、细滑、冷暖等触而生喜乐，俱能资益诸根，故名触食。

三、思食。

谓第六识思于可爱之境，生希望想，而能润益诸根，如人饥渴，虽不得饮食而希望不断，名为思食。

四、识食。

识以执持为义，即第八识。由前三食势分所资，能令此识增胜，执持诸根，故名识食。

按《翻译名义集》注云："地狱众生及无色界中无边识处天等，皆用识持以为其食。"

释三种三修（出《涅槃经玄义》）

三谓常、乐、我三法。凡夫邪执，为邪三修；二乘偏空，为劣三修；菩萨证真，为胜三修。

一、邪三修。

谓世间颠倒，随邪师教见相似相续谓为常，适意可悦谓为乐，转动运为谓是我。愚惑所覆，如执掣电，如蛾如茧；追求无厌，如渴饮咸，渴转增上。亦是厌下粗苦，攀上胜妙，然梦幻空花，云何把捉，妄想所缘，总名邪执也。

二、劣三修。

谓声闻人依半字教，破于邪执。观三界有为之法，皆悉生灭无常，一切诸法悉皆是苦，五阴本空，无我我所。虽能破欲染、色无色染、无明、掉、慢、疑等诸烦恼法，而不知法身常住之理，一切法中本有涅槃寂灭之乐，不知自在无碍之法身真我。望于菩萨所修，则名为劣。

三、胜三修。

谓菩萨依佛胜教，破于劣修。（一）、了知法身之体本来常住，无灭无生，不迁不变，是名常修。破声闻之执无常。（二）、了知诸法之中本自寂灭，即涅槃安隐之乐，是名乐修。破声闻之执苦。（三）、了知无我法中元有真我，得大自在，无有障碍，是名我修。破声闻之执无我。望于声闻所修，实为胜妙，故名胜三修。

卷四

释四大（出《圆觉经》）

谓人身揽外四大而成内四大。四大者，积色、香、味、触四微而成。对微，故名大也。四大和合，假名为身。

一、地大。

地以坚碍为性，眼、耳、鼻、舌、身等名为地大，若不假水，则不和合。经云“髮、毛、爪、齿、皮、肉、筋、骨，皆归于地”是也。以五行言之，金、土皆属地摄。

二、水大。

水以润湿为性，若不假地，即便流散。经云“涕、唾、脓、血、津液、涎沫、痰、泪、精气、大小便利，皆归于水”是也。

三、火大。

火以燥热为性，谓身中暖气，若不假风，则不增长。经云“暖气归火”是也。

四、风大。

风以动转为性，谓出入息及肢体动转皆名为风。经云“动转归风”是也。以五行言之，风大属木摄。

按，经云：“四大和合，假名为身。”“妄有缘气于中积聚，假名为心。”四大分离，今汝妄身更在何处。盖众生皆妄认四大为己身相，妄认六尘缘影为己心相也。

释四微（出《金光明经文句记》）

四微者，因对四大，故名微。四大皆由四微所成也。《大智度论》云：“地具四微重故，自无所作；水具三微少香。故，动作胜地；火具二微少香、味。故，势胜于水；风只一微少色、香、味。故，动作胜火。”

一、色微。

谓眼根所缘种种诸色也。以其微细，故名色微。

二、香微。

谓鼻根所缘种种诸香也。以其微细，故名香微。

三、味微。

谓舌根所缘种种诸味也。以其微细，故名味微。

四、触微。

谓身分所觉种种诸触也。以其微细，故名触微。

按，四大力用以风为最胜，四微力用以触为最胜。唯其最胜，故先成而后舍，亦易遍而难除。中土医书云：“风者，善行而数遍。”故风为百病之长。人人生于气交之中，出入息即是风相，故四大以风大最难舍离。《易》云：“雷风相薄，水火不相戮。”是亦触微最先之义。

释五蕴五喻（出《大庄严经》）

蕴以积聚为义。一切众生皆由此五法积聚而成身也。亦译五阴，阴即盖覆之义，谓积集有为，盖覆真性也。佛为瓶沙王说此五喻。

一、色如聚沫。

色谓色身。水因风吹则有沫聚，虚有相状，体本不实。喻众生色身，亦如聚沫，虚假不实也。

二、受如水泡。

受谓领受苦乐等。水泡即浮沤，忽尔成泡，须臾即灭。喻众生所受苦乐，亦如水泡，起灭无常也。

三、想如阳焰。

日初出时，远望光焰，如水溶漾，渴者想象为水，而实非水。喻众生妄想，亦如阳焰无实，皆是虚妄也。

四、行如芭蕉。

芭蕉危脆，无有坚实。喻众生造作诸行，亦虚脆而无实也。

五、识如幻事。

幻如见绳疑蛇，见杌疑人，又如翳眼见空中华，本无是事，幻见为有。喻众生识心分别随境生灭，亦如幻作，无有实也。

释四难（出《法华文句》）

一、值佛难。

谓众生因无始惑业，轮回六道之中，或堕四种恶趣，固不得见佛闻法。即得人身，或生在边地，或著邪见，佛虽出世，如是等人亦不得见，而况佛不常出，值遇良难。故经云：“诸佛出于世，悬远值遇难。”

二、说法难。

谓如来出世，本直欲说大乘之法，缘机器不纯，不得已而权说三乘，最后于法华会上方开权显实。故经云：“正使出于世，说是法复难。”

三、闻法难。

谓圆顿之法微妙甚深，难解难入，非遇利根上智，佛不为轻说。即为说之，或反心生疑谤，如法华会上五千退席。故经云：“无量无数劫，闻是法亦难。”

四、信受难。

谓一乘圆顿之法，唯谈中道实相，非三乘所知。法华会上初为上根之人作法说，唯舍利弗得悟；次为中根作譬喻说，唯四大弟子得悟；又次为下根作宿世因缘说，千二百声闻方始得悟。故经云：“能听是法者，斯人亦复难。”

释四不可得（出《诸经要集》）

佛告诸比丘：世间有四事不可得，自有天地以来，无免此苦。以斯四苦，佛兴于世，令诸众生咸得脱离。

一、常少不可得。

谓年少之时形貌光泽，众人所爱，及至老耄，颜容衰悴，欲常如少时，终不可得。

二、无病不可得。

谓强健之时行步轻便，及至疾病，动转艰难，欲使常安无病，终不可得。

三、长寿不可得。

谓愚痴众生欲求长寿，贪著五欲，将期永久，如是妄想，终不可得。

四、不死不可得。

谓世间愚人不悟无常，妄冀四大之身可以常保，一期报尽，随业轮回，欲求不死，终不可得。

释四摄法（出《法界次第》）

摄谓摄受。谓菩萨欲化导众生，须以四法摄受，使其依附，然后可导以大乘正法也。

一、布施摄。

谓财法二施，随众生所乐，以此摄之，众生蒙益，因生亲爱。

二、爱语摄。

谓随顺众生根性，善言慰喻，使之乐闻，因生亲爱，得受道也。

三、利行摄。

谓身、口、意三善行，利益一切众生，令生亲爱，依附受道。

四、同事摄。

谓菩萨以法眼明见众生根性，随其所乐，分形示现，同其所作，使各沾利益，依附受道。

释四事供养（出《增一阿含经》）

波斯匿王请佛说法，敬奉一切供给所须，约之为四事。后人法之，遂为弟子事师之式。

一、衣被。

衣以蔽体，被以覆身，所以肃威仪，御寒暑，为供养中第一。

二、饮食。

奶酪醍醐及诸果品、饭食、肴馔，所以滋养色身，助成道业。

三、卧具。

谓床褥枕席之类，所以调适身形，将息劳苦，亦助道之所需。

四、医药。

因寒暑燥湿之感，故有百味药草及金石丹砂之属，所以调和四大，滋养色身，成就道业者也。

释三明（出《杂阿含经》）

对六神通言，照彻无碍，名为通；自然证知，名为明。明视通为尤胜也。

一、宿命明。

知过去、宿世受生之事，名宿命通。不独知一世，乃至过去百千万生姓名、苦乐等事，皆悉能知，是名宿命明。

二、天眼明。

但见死此生彼，名天眼通。复见我及众生死时、生时，随身、口、意所作善恶之业，或生善道，或生恶道，皆悉能知能见，是名天眼明。

三、漏尽明。

众生因三界见、思之惑，堕落生死，故名为漏。阿罗汉断见、思惑尽而得神通，名漏尽通。复知漏尽以后，更不受于生死，是名漏尽明。

释六神通（出《法界次第》）

天然之慧曰神，彻照无碍曰通。见《璎珞经》。亦省称六通。

一、天眼通。

谓能见众生死此生彼苦乐之相，及见一切世间种种形色，无有障碍，名天眼通。

二、天耳通。

谓能闻六道众生苦乐忧喜语言，及世间种种音声，是名天耳通。

三、他心通。

谓能知六道众生心中所念之事，名他心通。

四、宿命通。

谓能知自身一世、二世、三世，乃至百千万世宿命及所作之事，亦能知六道众生各各宿命及所作之事，是名宿命通。

五、身如意通。

谓身能飞行，山海无碍，于此界没，从彼界出，于彼界没，从此界出，大能作小，小能作大，随意变现，名身如意通。

六、漏尽通。说见“三明”。

卷五

释五盖（出《法界次第》）

盖谓盖覆。谓诸众生由此五种惑，盖覆心识，故于正法不能明了，沈滞三界，不能出离也。

一、贪欲盖。

引取无厌曰贪，希求欣慕为欲。谓诸众生于五欲境界贪著无厌，盖覆心识，故禅定善法不能发生。

二、瞋恚盖。

谓众生于违情境上心生忿怒，或忆念过去烦恼，盖覆心识，亦使禅定不能发生。

三、睡眠盖。

意识昏昧曰睡，五情暗冥曰眠。以此盖覆心识，不能发生禅定。

四、掉悔盖。

不能安处，如数数游行，转换处所曰掉。掉已思惟，复生忧恼曰悔。以此盖覆心识，不能发生禅定。

五、疑盖。

犹豫不决曰疑，即痴惑也。众生无明暗钝，不能分别邪正、真妄诸法，怀疑不决，以此盖覆心识，永无出离也。

释十缠（出《翻译名义集》）

缠者，缚也。谓一切众生被此十种法缠缚，不能出离生死之苦、证得涅槃之乐也。

一、无惭。

屏处作诸过恶，唯恐人知曰惭。

二、无愧。

忸怩不自安曰愧。

三、嫉。

见他胜己，心生妒忌曰嫉。

四、悭。

悭即吝也。谓于世财及法财吝不肯舍曰悭。

五、悔。

谓所作诸过，胸怀蒂芥不安曰悔。

六、睡眠。

谓心神昏昧，无所有察也。

七、掉举。

谓心念动摇，不能摄伏，于诸禅观，无由成就也。

八、昏沉。

谓神识昏钝，懵然无知，不能精进也。

九、瞋忿。

谓于违情境常怀忿怒，必致忘失正念也。

十、覆。

谓隐匿己过，不能迁善也。